BB
Management

ARBEITSHEFTE FÜHRUNGSPSYCHOLOGIE

Herausgegeben von

Prof. Dr. Ekkehard Crisand, Wilhelmsfeld und
Prof. Dr. Gerhard Raab, Ludwigshafen

Band 55

Effizientes Verhandeln

Konstruktive Verhandlungstechniken in der täglichen Praxis

von

Peter Knapp, M.A.
Potsdam-Babelsberg

und

Dr. Andreas Novak
Berlin

2., überarbeitete Auflage 2006

Verlag Recht und Wirtschaft GmbH
Frankfurt am Main

Bibliografische Information Der Deutschen Bibliothek

Die Deutsche Bibliothek verzeichnet diese Publikation in der Deutschen Nationalbibliografie; detaillierte bibliografische Daten sind im Internet über http://dnb.ddb.de abrufbar.

ISBN 10: 3-8005-7326-1
ISBN 13: 978-3-8005-7326-4

Druckvorstufe: H&S Team für Fotosatz GmbH, 68775 Ketsch

Druck und Verarbeitung: Druckerei Lokay e. K., 64354 Reinheim

Umschlagentwurf: Rainer Schmitt, 68199 Mannheim

♾ Gedruckt auf säurefreiem, alterungsbeständigem Papier, hergestellt aus chlorfrei gebleichtem Zellstoff (TCF-Norm)

Printed in Germany

Vorwort zur 1. Auflage

Mit Verhandlung werden häufig die Begriffe Basar, Feilschen, Tricks, Geld und Geschäfte machen assoziiert. Verhandlungsgeschick hat, so die verbreitete Auffassung, wer sich durchsetzt und möglichst viele Vorteile oder einen Gewinn für sich erzielt. Das Verhandlungsgegenüber ist nur insofern von Interesse, als dass es die eigene Zielerreichung unterstützt oder auch behindert. Jeder will als Gewinner aus der Verhandlung hervorgehen und lässt dabei zwangsläufig sein Gegenüber als Verlierer zurück. Entsprechend kontrovers und unproduktiv verlaufen die meisten Verhandlungen.

Verhandlungen zu führen ist eine Schlüsselqualifikation, denn verhandelt wird täglich – in Kauf-, Verkaufs- und Vertragssituationen sowie bei vielen anderen Gelegenheiten. Bereits wenn Sie überlegen, ob es sinnvoll sein könnte, den Chef auf eine Möglichkeit zur Veränderung Ihrer beruflichen Situation anzusprechen, stehen Sie in Verhandlung: mit sich selbst. Oder Sie besprechen die Handlungsoptionen im Vorfeld mit Ihrem Lebenspartner – eine weitere Verhandlungssituation. Von diesen eher „kleinen" Verhandlungen bis hin zu politischen Großverhandlungen um Krieg und Frieden oder Verhandlungen um Tarifabschlüsse oder Fusionen großer Konzerne reicht das Spektrum.

Heute wird die Macht von Institutionen und Autoritäten in Politik und Arbeitswelt zunehmend in Frage gestellt: Bürger oder Mitarbeiter fordern ein Mitsprache- und Mitgestaltungsrecht. Auch hier ist Verhandlung miteinander die angemessene Kommunikationsform, die Interessen aller Beteiligten zu berücksichtigen.

Aushandlungsprozesse werden wegen der Verknappung von Ressourcen, die zum Beispiel die gewohnten Steigerungen des Lebensstandards nicht mehr automatisch sicher stellen, immer notwendiger. Können Forderungen von Interessensgruppen nur noch teilweise oder gar nicht mehr zufrieden gestellt werden, müssen die Beteiligten das Gespräch suchen und miteinander verhandeln.

Im Gegensatz zum herkömmlichen Verhandlungsverständnis, das die Durchsetzung der eigenen Interessen in den Vordergrund stellt, geht der Ansatz des „Effizienten Verhandelns" weiter. Er hat zum Ziel, die Interessen aller Beteiligten möglichst optimal zufrieden zu stellen. Das heißt, auch wenn das Gegenüber andere Vorstellungen hat, verfallen effiziente Verhandler nicht in Druck, Blockaden und Drohgebärden. Sie begeben sich auf die Suche: nach einer befriedigenden Lösung für beide Verhandlungspartner. Davon handelt dieses Arbeitsheft, das Ihnen Handwerkszeug, Erläuterungen und Checklisten liefert.

Potsdam, Berlin, Januar 2003

Peter Knapp, Andreas Novak

Vorwort zur 2. Auflage

Zunächst eine gute Nachricht – wir haben öfters die Rückmeldung zu unserem Buch erhalten, dass die konkrete, knappe und realitätsbezogene Darstellung sehr gefällt. Sicherlich ist dies auch ein Grund für die jetzige Neuauflage.

Die weniger gute Nachricht kommt aus dem Feld der Verhandlungen selbst. Die Bedingungen haben sich in den letzten Jahren noch weiter verschlechtert. Immer wieder begegnen wir in unseren Trainings und Verhandlungscoachings der bangen Frage, ob es sich bei dem jeweiligen Vorgang überhaupt um eine Verhandlung handelt oder eher ein verdecktes Diktat gespielt wird. Umso wichtiger ist es unserer Meinung, das Handwerkszeug des „Effizienten Verhandelns" gut und souverän handhaben zu können, was auch bedeuten kann, die unfairen oder auch fairen Strategien meines Gegenübers zu identifizieren und zu parieren. Die andere Seite dieser Verschlechterung bringt es mit sich, dass immer mehr Menschen in Verhandlungen treten müssen, um ihre Interessen zu wahren oder zu verteidigen: ein immer größer werdendes Bedürfnis nach der Kunst des Verhandelns.

Wenn wir in dem Buch von Verhandlungspartner sprechen, so meinen wir dies in dem Sinne, dass es eine gemeinsame Aufgabe gibt: die Interessen beider Verhandlungsparteien in möglichst höchstem Maße zu erlangen. Dies bringt auch mit sich, sehr dezidiert unberechtigte Forderungen zurückzuweisen, bestimmt auf die Mängel eines Berichts einzugehen oder auch böse Absichten beim Verhandlungspartner zu vermuten. Die Kenntnis der unlauteren Strategien, kurz dirty tricks, ist hierfür besonders wichtig.

Wir wünschen Ihnen ein gutes Gelingen Ihrer Verhandlungen und bessere Verhandlungsergebnisse nach der Lektüre unseres Buches. Dies betrifft nicht nur die berufliche Seite, sondern kann auch im privaten Bereich seine Auswirkungen haben.

Potsdam, Berlin, März 2006

Peter Knapp, Andreas Novak

Inhaltsverzeichnis

I. Alltäglich wird verhandelt

Täglich wird verhandelt – in unterschiedlichen Situationen. Verhandeln wird meist mit Geld oder einem bestimmten Preis, der zu zahlen ist, in Verbindung gebracht. Verhandlungssituationen sind jedoch nicht nur Käufer-Verkäufer-Situationen, sondern sie kommen alltäglich und in verschiedenen Zusammenhängen vor:

- Ihr Kind will morgens nicht sofort in den Kindergarten, Sie müssen aber dringend los, um rechtzeitig zu einem Termin zu erscheinen. Und wer holt das Kind nach dem Kindergarten ab? Ihre Frau hat wie Sie eine Besprechung um diese Zeit.
- Sie kommen morgens ins Büro und bitten Ihre Sekretärin, den diktierten Text zu schreiben, um diesen in der 11 Uhr-Sitzung verteilen zu können; sie hat jedoch gerade von ihrem Kollegen einen ebenso wichtigen Auftrag erhalten, der ebenfalls kurzfristig fertiggestellt werden muss.
- Sie verlangen von Ihrem Mitarbeiter in den nächsten zwei Stunden die angekündigte Aufstellung, die er seines Erachtens erst morgen erstellen kann.
- Sie besprechen mit Ihrem Geschäftspartner die einzelnen Schritte der Fusion, und er ist anderer Meinung.
- Sie verhandeln das Gehalt eines neuen Mitarbeiters, und die Vorstellungen liegen weit auseinander.
- Sie haben von Ihrem Rechtsanwalt ein Schreiben erhalten, in dem er eine höhere Gebühr fordert, als die Gebührenordnung es vorsieht.
- Sie überlegen sich, eine neue Stelle in einer anderen Stadt anzunehmen. Sie wägen ab und befinden sich in einer Verhandlungssituation, zunächst einmal mit sich selbst.

Die umseitige Tabelle gibt – ohne Anspruch auf Vollständigkeit – eine Übersicht nach den unterschiedlichen Orten, Verhandlungsthemen und beteiligten Partnern.

Tab. 1: Verhandlungskontexte

Wo wird verhandelt?	Worüber wird verhandelt?	Beteiligte?
zwischen Staaten	z.B. über Krieg und Frieden	Repräsentanten der Staaten
	z.B. alle Arten von zwischenstaatlichen Verträgen	entsprechende Fachleute der Staaten
In Unternehmen	Arbeitsabläufe	Mitarbeiter zweier Abteilungen
	Restrukturierungen	Betriebsrat/Management
	Gehaltsverhandlungen	Chefin/Mitarbeiter
	Aufgabenverteilung	Mitarbeiter einer Abteilung Chef/Mitarbeiterin Projektgruppenmitarbeiter
	Einkauf von internen Dienstleistungen	entsprechende Abteilungen
	Mitarbeitergespräche	Mitarbeiter, Führungskraft
	Zielvereinbarungen	Mitarbeiter, Führungskraft
zwischen Unternehmen	Einkauf/Verkauf z.B. Produkte, Dienstleistungen	entsprechende Mitarbeiter beider Unternehmen
	Unternehmensbeteiligungen	entsprechendes Management beider Unternehmen
	Unternehmensübernahmen oder Fusionen	Management
	Fehlerhafte Lieferungen	Einkaufs-/Verkaufsabteilung
zwischen Privatpersonen und Unternehmen	Produkte, Produktlieferungen, fehlerhafte Produkte, Dienstleistungen, Handwerkerleistungen	Kunde/Lieferant
zwischen Privat- oder Geschäftspersonen und Behörden	Steuern, Gebühren und Honorare	Steuerbürger und Finanzbeamte, Mandanten und Rechtsanwälten
zwischen Privatpersonen	Kauf/Verkauf	Käufer/Verkäufer
	Mietverträge	Mieter/Besitzer
in Familien	z.B. über Parties	Eltern/Kinder
	z.B. berufliche Veränderungen	Ehepartner evtl. mit den Kindern
mit sich selbst	alle möglichen Themen z.B. berufliche Wechsel; private Entscheidungen etc.	ich und ich

1. Verhandlungsvoraussetzungen

Um Verhandlungen überhaupt stattfinden zu lassen, bedarf es mehrerer Voraussetzungen.

Unterschiedliche Ausgangspositionen

Allen Verhandlungssituationen ist gemeinsam, dass die daran beteiligten Personen unterschiedliche Wünsche und Vorstellungen haben. Voraussetzung für das Zustandekommen von Verhandlungen ist ein Unterschied in der Ausgangssituation. Wenn Ihr Mitarbeiter die Streichung des Urlaubs hinnimmt, brauchen Sie nicht zu verhandeln. Wenn die Sekretärin sofort die anderen Arbeiten weglegt und Ihren Text schreibt, ist keine Verhandlung nötig.

Lösungen nur gemeinsam möglich

Verhandlungen werden dann aufgenommen, wenn die Lösung eines Problems oder einer Situation nur gemeinsam erreicht werden kann und Sie daher daran arbeiten müssen. Dazu braucht es die Offenheit, dass trotz der unterschiedlichen Wünsche und Vorstellungen doch eventuell Möglichkeiten existieren, die noch nicht erkannt oder gefunden wurden und helfen, das Problem zu lösen.

Bereitschaft zu verhandeln

Eine Verhandlung findet erst dann statt, wenn beide Parteien bereit sind zu verhandeln. Der vorgetragene Wunsch an die Führungskraft nach flexibleren Arbeitszeiten ist noch keine Basis für eine Verhandlung. Erst die Bereitschaft seitens der Führungskraft, dieses Thema mit dem Mitarbeiter zu besprechen, um Lösungen für das Anliegen zu finden, lässt eine Verhandlungssituation entstehen. Das Kind will noch nicht ins Bett gehen; zur Verhandlung kommt es erst, wenn die Eltern einer Verhandlung zustimmen und nicht kategorisch auf das Bett verweisen.

Manchmal muss auch die Bereitschaft zur Verhandlung erst geweckt werden. Nicht jedes kategorische erste Nein bleibt auch beim zweiten Mal ein Nein. Bereits der Eintritt in die Verhandlung kann also eine Verhandlung erforderlich machen.

Die Bereitschaft zur Verhandlung beispielsweise mit Behörden ist gesetzlich oder auf dem verwaltungsmäßigen Wege geregelt. Finanzamtsbescheide wie auch andere Verwaltungsbescheide sind mit Möglichkeiten des Widerspruches gekennzeichnet. Hiermit kann man dann gegenüber der entsprechenden Behörde in Verhandlung treten, beispielsweise mit dem Finanzamt über die Anerkennung bestimmter Ausgaben, die man getätigt hat und die ursprünglich nicht anerkannt wurden.

Verhandlungsgegenstand

Jede Verhandlung hat immer ein Thema oder einen Gegenstand, über den verhandelt wird. Dabei kann dieser, wie die Tabelle 1 zeigt, außerordentlich unterschiedlich sein. Bei aller Unterschiedlichkeit der Vorstellungen und Wünsche muss es eine Gemeinsamkeit bezüglich des oder der Verhandlungsgegenstände geben. Es kommt vor, dass es kein gemeinsames Verständnis über den Gegenstand der Verhandlung gibt: Die Führungskraft redet über Leistungserfüllung und Zielvereinbarung und der Mitarbeiter von einer möglichen Gehaltserhöhung. Ist dieser Unterschied zu Beginn nicht deutlich, kann kostbare Zeit in die vermeintlich gleichen Verhandlungsthemen gesteckt werden. Die Effizienz der Verhandlungsführung ist gefährdet. Vor dem Eintritt in die tatsächliche Verhandlung muss ein gemeinsames Verständnis über das oder die Verhandlungsthemen herbeigeführt werden.

2. Wie üblicherweise verhandelt wird

In der folgenden Übung bitten wir Sie, über Ihre eigenen Verhandlungserfahrungen nachzudenken und aufzuschreiben, was Sie an Verhandlungen schätzen und was Ihnen missfällt.

Checkliste 1: Übung zur eigenen Einschätzung von Verhandlungen

Was schätze ich an Verhandlungen?	Was missfällt mir an Verhandlungen?
--	--
--	--
--	--
--	--
--	--
--	--

Wenn Sie in der Übung feststellen, dass Sie mit Verhandlungen eher unangenehme Eigenschaften assoziieren, dann liegt das vielleicht an den üblichen Verhandlungstechniken, mit denen Sie konfrontiert werden. Darum geht es im Folgenden.

Obwohl Verhandlungen in vielen Situationen auftreten und unterschiedliche Themenbereiche umfassen können, werden sie im landläufigen Verständnis meist auf einige wenige Parameter, häufig den eines „vernünftigen" Preises, eingeschränkt. Verhandlungen und wie sie normalerweise geführt werden, können grob in zwei Typen eingeteilt werden:

Win-Lose-Strategie: Der Kampf um Positionen

Üblicherweise werden Verhandlungen in der Art geführt, dass sich der Verhandelnde seine Argumente zurecht legt, um sein angestrebtes Verhandlungsziel durchzusetzen. Der Verhandlungspartner verfährt ebenso und hat seine Argumente parat. Verhandlungen dieser Art führen leicht zu einer Konfrontation der Positionen. Jeder will gewinnen und versucht, mehr als der andere zu bekommen. Dieses Ringen ums Gewinnen wird als *Win-Lose*-Strategie bezeichnet. Hierbei versuchen beide, als Gewinner hervorzugehen und den jeweils anderen zum Verlierer zu machen.

Verhandlungen starten häufig mit dem Kampf um Positionen – leider enden sie häufig auch damit. Jeder Verhandlungspartner versucht, seine Position durchzusetzen und den Verhandlungspartner zum Nachgeben zu bringen. Das Ergebnis dieser Art von Verhandlung ist, dass der Gewinner sich durchsetzt und der Verlierer das Nachsehen hat. Die meisten Verhandlungen erschöpfen sich in diesem Kampf um Positionen. Die tiefer liegenden Motive der Verhandlungspartner bleiben unberücksichtigt und die in den jeweiligen Motiven liegenden Potenziale ungenutzt.

Positionen werden häufig als Ausgangspunkt und Grundlage der Verhandlung benutzt:

A: Ich fordere 500 Euro mehr Gehalt.
B: Die Firma hat kein Geld.

Zur Begründung der Positionen werden dann die – oft gut vorbereiteten – Argumente angeführt:

A: Ich arbeite bereits seit 25 Jahren für Sie und seit mehr als 10 Jahren für das gleiche Gehalt.
B: Die Firma befindet sich gerade in einer schwierigen Situation und hat kein Geld für Ihre Forderung.

Negotiation Dance: Verhandeln wie auf dem Basar

A: Eine Gehaltserhöhung um 200 Euro wäre mehr als angemessen.
B: Es sind allerhöchstens 60 Euro möglich.

A: Unter 150 Euro kann ich mir das kaum vorstellen.
B: 75 Euro, aber auch nur, weil Sie es sind, Meier.
usw.

In beiden Beispielen bleiben die Verhandlungspartner auf der Ebene von Positionen, ohne die dahinter liegenden Motive zu erkunden.

Im zweiten Beispiel wird ein Verfahren gewählt, das auch als Basarmethode bezeichnet wird und in die Literatur mit dem Namen *negotiation dance* eingegangen ist *(Raiffa)*.

Ohne auf Bedürfnisse und Interesse einzugehen, tanzt man gemeinsam um das Objekt der Begierde: Man startet mit einer hohen Forderung, dem ein niedrigeres Angebot mit dem Ziel entgegengesetzt wird, den anderen in seinen Forderungen zu drücken. Das Kriterium für den Erfolg der Verhandlung wird dann der Prozentsatz, um den der Verhandlungspartner von seinem Ausgangsangebot abgerückt ist.

Die Basarmethode ist sehr verbreitet und, wie *Haft* ausführt, kennt jeder Mensch weltweit die Regeln; sie ist eine intuitive Verhandlung, bei der jede Seite hofft, am Ende etwas für sich gewonnen zu haben (*Haft*, S. 10). Zweifel, ob das subjektive Gefühl, ein gutes Schnäppchen gemacht zu haben, objektiveren Kriterien standhält, befallen einen spätestens dann, wenn nach dem Besuch auf dem Basar der Bekannte mit einem viel schöneren Teppich ankommt, den dieser für die Hälfte des Preises, den Sie selbst bezahlten, erstanden hat.

Um nicht falsch verstanden zu werden: In manchen Situationen hat die Basarmethode durchaus ihre Berechtigung – zum Beispiel dort, wo Sie als Fremder auf diesen Verhandlungstanz festgelegt werden und das Spiel mitmachen, um akzeptiert zu werden. Sie sollten nur wissen, was gespielt wird und was Sie mitspielen. Verhandelt Ihr Verhandlungspartner nach dieser Methode, können Sie immer noch versuchen, Kriterien heranziehen, um nicht völlig beliebig um eine Gehaltserhöhung zu feilschen: Zum Beispiel können Sie sich bei einem Kollegen eines anderen Unternehmens erkundigen, welches Gehalt er für die gleiche Tätigkeit erhält.

3. Effizientes Verhandeln

Sowohl die *Win-Lose-Verhandlungen* als auch die *Basarmethode* des *negotiation dance* schränken Verhandlungen auf eine Kampfsituation ein. Wird – vermeintlich – gut verhandelt, geht einer als Gewinner aus der Verhandlung hervor. Diese Sichtweise über Verhandlungen ist zwar vorherrschend, aber erstens, wie in den folgenden Kapiteln gezeigt wird, viel zu eingeschränkt, und zweitens führt sie dazu, dass viele Menschen Verhandlungen eher mit Unbehagen entgegensehen. Sie gehen sogar Verhandlungen aus dem Weg, denn bei Gewinner-Verlierer-Situationen könnten sie hinterher schlechter dastehen als vorher.

Außerdem verursachen solche Verhandlungen in der Regel hohe Kosten auf der Beziehungsebene, die immer weniger Menschen in Kauf zu nehmen bereit sind. Also wird gar nicht erst verhandelt.

Dabei stellen Verhandlungen, wenn sie gut vorbereitet sind und vernünftig durchgeführt werden, immer auch Chancen für beide Partner dar, etwas zu erreichen. Und sie können Spaß machen, da sie durchaus kreativ sind und *beide* Verhandlungspartner nach der Verhandlung mit mehr dastehen als vorher. Dazu bedarf es keinerlei rhetorischen Tricks oder Kniffe, keiner Drohungen oder Einschüchterungen. Um einige grundlegende Erkenntnisse zu Verhandlungen geht es in den folgenden Kapiteln.

Wir werden dabei von *effizientem* Verhandeln sprechen. Effizienz meint in diesem Zusammenhang:

- einen vernünftigen Umgang mit der Ressource Zeit
- eine Schonung der Nerven und der Beziehung zwischen beiden Verhandlungspartnern
- eine auf ein Ergebnis hin orientierte Verhandlungsführung
- ein optimales Ergebnis für beide Verhandlungspartner
- eine das gegenseitige Verständnis fördernde Kommunikation
- den Abschluss eines für die Zukunft tragfähigen und umsetzbaren Ergebnisses, sowie
- die Erleichterung zukünftiger Verhandlungen mit dem gleichen Partner

und dies jeweils für *beide* Verhandlungspartner, wobei bewusst der Begriff des *Partners* gewählt wird. Eine der grundlegenden Überzeugungen im effizienten Verhandeln liegt darin, dass Sie es bei Ihrer Verhandlung nicht mit einem Gegner, einer Gegenseite oder einer Gegenpartei zu tun haben. Sie haben einen Partner, mit dem Sie die Aufgabe teilen, ein Ergebnis zu erreichen, wobei Sie auf den Partner angewiesen sind, genauso wie er auf Sie. Könnten Sie das Ergebnis ebenso autonom erreichen, d. h. ohne einen Verhandlungspartner, dann müssten Sie nicht verhandeln.

II. Vorbereitung – Es beginnt, bevor es beginnt

Zu jeder guten Verhandlung gehört eine möglichst umfassende Vorbereitung. Je besser und umfassender man sich vorbereiten kann, desto größer wird die Möglichkeit, ein gutes und vor allem auch für die Zukunft tragfähiges und umsetzbares Verhandlungsergebnis zu erreichen.

Obwohl es sehr wünschenswert ist, Zeit für eine Vorbereitung auf die Verhandlung zu verwenden, kommt es in einigen Fällen vor, dass man dazu kaum oder keine Zeit hat. Solche ad hoc-Verhandlungen, auch wenn sie schwierig sind, müssen gleichwohl geführt werden. Besteht die Chance, Bedenkzeit zu bekommen, so nutzen Sie diese auf jeden Fall, bevor Sie einem Verhandlungsergebnis zustimmen. Ansonsten bleibt nichts anderes übrig, als alle die im Folgenden genannten Punkte, die zu einer guten Vorbereitung gehören, in der tatsächlichen Verhandlung versuchen zu berücksichtigen.

Fragen, die sich für die Vorbereitung ergeben, sind:

▶ Wer ist der Verhandlungspartner?

Häufig werden Sie die Frage beantworten können, wer denn der Verhandlungspartner für den Verhandlungsgegenstand sein wird. Es gibt aber Situationen, in denen Sie den zuständigen Verhandlungspartner erst einmal herausfinden müssen. Die Person, die Ihnen dann genannt wird, kann allerdings nur mit einem begrenzten Mandat ausgestattet sein, wie das beispielsweise in interkulturellen Verhandlungssituationen auf geschäftlicher Ebene leicht geschehen kann: Ihr japanischer Verhandlungspartner ist zur Gesprächsführung beauftragt, kann jedoch von sich aus keine Geschäftsabschlüsse tätigen.

In anderen Situationen sind besondere hierarchische Vorgaben einzuhalten: Sie wollen über Fragen Ihres Gehaltes oder Ihrer Karriere verhandeln. Wer ist Ihr richtiger Ansprechpartner innerhalb des Unternehmens, mit welcher Verhandlungsmacht ist dieser ausgestattet? Fragen dieser Art sollten so gestellt werden, dass der andere nicht in seiner Kompetenz in Frage gestellt wird.

In einem Unternehmen durften beispielsweise die direkten Vorgesetzten mit ihren Mitarbeitern zwar über Gehaltserhöhungen verhandeln, aber nur dann, wenn diese maximal drei Prozent betrugen. Natürlich wurde das dem Mitarbeiter vom Vorgesetzten nicht gesagt, da dieser sonst seine eigene Wichtigkeit untergraben gesehen hätte.

Wer darf nicht übergangen werden, aufgrund von ungeschriebenen oder auch geschriebenen Regeln, die im Unternehmen herrschen?

Haben Sie es mit einem Verhandlungspartner oder mit mehreren zu tun? Wie stellen Sie sicher, dass Sie sich als alleiniger Verhandler gegenüber mehreren anderen Personen nicht verunsichert und unterrepräsentiert fühlen? Fragen Sie genau nach, wer Ihnen in der Verhandlung gegenübersitzt. Überraschungen zu erzeugen, zum Beispiel durch starke Präsenz, ist eine verbreitete Taktik zur Verunsicherung des Verhandlungspartners.

▶ Wo soll die Verhandlung stattfinden?

Die Frage nach dem geeigneten Verhandlungsort ist durchaus eine Betrachtung wert. Muss die Verhandlung über den Verkauf Ihres Autos auf der Straße stattfinden, oder können Sie nicht ein angenehmeres Verhandlungsklima in Ihrem Wohn- oder Arbeitszimmer herstellen? Wenn Sie mit Geschäftspartnern verhandeln, sollten Sie sich in Ihren Räumen, in deren Räumen oder auf „neutralem" Boden, beispielsweise in einem Hotel, treffen? Welcher Ort ist der geeignete, um eine ungestörte und konzentrierte Verhandlung führen zu können? Wo kann sichergestellt werden, dass Unterlagen, die vielleicht während der Verhandlung noch benötigt werden, zugänglich sind?

Auch kann überlegt werden, ob Sie durch den Ort der Verhandlung bestimmte Informationen über sich selbst geben oder welche Sie über Ihren Verhandlungspartner bekommen wollen, beispielsweise Ihre oder seine Geschäftsräume.

▶ Notwendige Unterlagen wie grundlegende Fakten und Informationen

Zur Vorbereitung einer Verhandlung gehört auch, sich Gedanken über rationale Verhandlungskriterien zu machen. Unter Umständen benötigen Sie dafür geeignete Unterlagen wie Vergleichsangebote, Vertragsentwürfe, Gutachten, Preisvergleiche bei der Konkurrenz, etc. Eine effiziente Verhandlungsführung bedient sich, soweit möglich, konkreter Zahlen, Daten und Fakten. Solche Unterlagen müssen beschafft und eventuell für den oder die Verhandlungspartner in ausreichender Zahl als Handout kopiert, im Laptop gespeichert oder vorab versandt werden.

▶ Den Verhandlungsgegenstand bestimmen

Was soll verhandelt werden – um was soll es heute gehen? Beabsichtigt die Führungskraft eine Überprüfung der Zielvereinbarungen und der Mitarbeiter erwartet eine Beförderung? Nur wissen beide nicht, was für den jeweiligen Verhandlungspartner Gegenstand der Verhandlung sein soll? Im Verlauf einer Verhandlung kann sich der Gegenstand auch aufgrund neuer Informationen verändern. Besonders bei mehreren Verhandlungsgegenständen sollten die Themen vorab identifiziert werden. Eine klärende Frage könnte sein: Zu welchem Thema oder welchen Themen sind wir heute zusammengekommen?

Checkliste 2: Vorbereitung von Verhandlungen

Frage	achten auf	Ihr Verhandlungsfall
Wer ist der richtige Verhandlungspartner?	Hat der Verhandlungspartner ein Verhandlungsmandat? Niemanden in der Hierarchie übergehen!	
Ort der Verhandlung	Entspricht der Ort dem Anlass? Ist eine ungestörte Atmosphäre gewährleistet? Sind notwendige Telekommunikationseinrichtungen vorhanden (Telefon/Fax etc.) für evtl. Rückfragen?	
Notwendige Unterlagen	Was wollen Sie als schriftliche Informationen mitteilen/ausgeben (z.B. Gutachten, Vergleichsangebote)? Mit wie vielen Verhandlungspartnern haben Sie es zu tun – Anzahl der Kopien?	

(Fortsetzung Checkliste 2)

Frage	achten auf	Ihr Verhandlungsfall
Verhandlungs-gegenstand bestimmen	Was ist oder was sind die Verhandlungsthemen? Gibt es eine Übereinstimmung betreffend der Themen bereits vor der Verhandlung?	

Während diese Fragen eher formaler Natur sind, geht es bei den weiteren Themen für eine gute Vorbereitung auf die Verhandlung um inhaltliche Fragen:

- Was wollen Sie erreichen – was ist Ihr Ziel?
- Was darf auf keinen Fall geschehen?
- Was sind Ihre Positionen?
- Was geschieht, wenn es nicht zu einer Einigung kommt?
- Welche Interessen verfolgen Sie?
- Welche Interessen liegen hinter Ihren Positionen?
- Welche anderen Möglichkeiten erkennen Sie schon jetzt, die vielleicht Ihre Interessen ebenfalls befriedigen könnten, außer dem, was Sie sich vorgestellt haben?

Diesen Fragen nachzugehen, darum geht es im nächsten Kapitel.

> *Merksatz 1:*
> Je gründlicher die Vorbereitung, desto besser die Verhandlung. Verwenden Sie ebenso viel Zeit für die Vorbereitung wie für die Verhandlung.

▶ Dilemma der Vorbereitung

Trotz intensiver Vorbereitung sollten Sie sich nicht auf die geplante Vorgehensweise und ein bestimmtes Ergebnis festlegen. Bleiben Sie offen für die Verhandlungssituation und gehen Sie auf Ihren Verhandlungspartner ein. Dies ermöglicht Ihnen, flexibel auf unvorhergesehene Entwicklungen und auf Optionen reagieren zu können.

III. Von den Positionen zu den Interessen

Um das übliche Verhandeln, das zu einer Win-Lose-Situation führt, durch eine Win-Win-Situation und ein kooperatives Verhalten ersetzen zu können, wurde an der *Harvard Law School* von *Roger Fisher* u.a. das Konzept des *Sachgerechten Verhandelns* entwickelt *(Fischer, Ury, Patton)*. Statt in den Wettbewerb zu treten und dem anderen etwas wegzunehmen, um für sich ein Ergebnis zu erzielen, werden gemeinsam Möglichkeiten gesucht, um die Interessen beider Partner optimal zufrieden zu stellen. Dazu wird der Verhandlungspartner aktiv in den Verhandlungsprozess einbezogen und beide arbeiten *gemeinsam* an einem effizienten und tragfähigen Verhandlungsergebnis. *Michel Ghazal, Direktor des Centre Européen de la Négociation, Paris,* spricht in diesem Zusammenhang von der Strategie zum beidseitigen Nutzen – *La Stratégie des Gains Mutuels (Ghazal).*

Damit ein offenes, nicht von Positionsdenken bestimmtes Verhandlungsklima hergestellt werden kann, müssen beide Verhandlungspartner ihre Interessen herausfinden und formulieren. Interessen sind Bedürfnisse, Wünsche und Befürchtungen, die sich durch Hinterfragen der Positionen als Motive der Verhandlungsbeteiligten ergeben. Die Interessen sind dem Verhandlungspartner häufig nicht von vornherein bekannt und meist wird nur ein Teil von ihnen identifiziert. Auch die Interessen des Verhandlungspartners müssen in Erfahrung gebracht und berücksichtigt werden. Interessen unterscheiden sich von Positionen, die aus Forderungen, Angeboten und Behauptungen bestehen.

Das bekannte Orangenbeispiel illustriert diese Unterscheidung zwischen Positionen und Interessen:

> Zwei Schwestern streiten sich um eine Orange. Jede Schwester fordert für sich die Orange. Diese gegensätzlichen Positionen führen zu der Übereinkunft, die Orange zu teilen. Jede erhält eine halbe Orange. Die eine Schwester nimmt die Hälfte und presst den Saft aus, die andere schabt die Schale für ihren Orangenkuchen ab.
>
> Hätten sich die beiden Schwestern über ihre zugrunde liegenden Interessen ausgetauscht mit der Frage: „Was machst du mit der Orange?", oder „Warum willst du die Orange haben?", hätten sie auf der

Grundlage der Interessen zu dem Ergebnis kommen können, dass die eine das Fruchtfleisch der ganzen Orange erhält und die andere die Schale der ganzen Orange.

1. Sich die eigenen Interessen in ihrer Vielfalt bewusst machen

Um die eigenen Interessen herauszufinden, sollten Sie sich die Fragen stellen: Was bedeutet mir der Verhandlungsgegenstand? Was soll über das Naheliegende hinaus an Interessen durch die Verhandlung befriedigt werden? Erforschen Sie Ihre eigenen Interessen. Versuchen Sie, auch strategische Interessen, von denen Sie vielleicht gar nicht glauben, dass Sie sie umsetzen oder befriedigen können, zu formulieren. Je mehr Sie davon formulieren können, desto mehr Stoff haben Sie in der Verhandlung und desto höher ist die Chance, gemeinsam mit Ihrem Verhandlungspartner schließlich zu einem Verhandlungsergebnis zu kommen, bei dem die Möglichkeiten zur Zufriedenstellung Ihrer beider Interessen gegeben ist.

Es ist wie bei einem Eisberg; nur ein kleiner Teil liegt über der Wasseroberfläche (dem *sea level*) und ist damit sichtbar; der weitaus größere Teil liegt unterhalb der Wasseroberfläche.

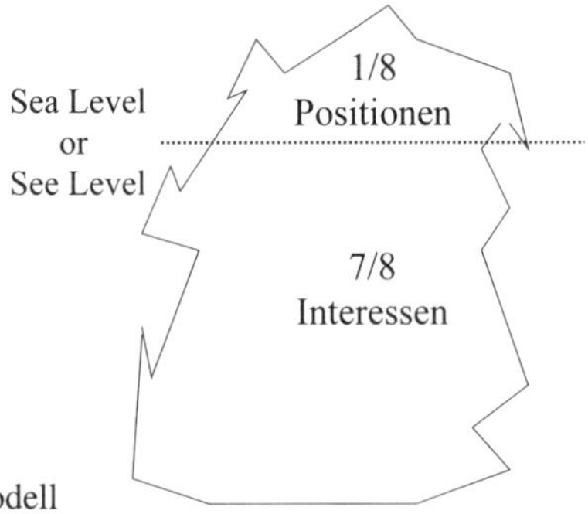

Abb. 1: Eisbergmodell

Bei der Verhandlung über eine Gehaltserhöhung lautet die Frage: Welche Bedeutung hat die Gehaltserhöhung für den fordernden Verhandlungspartner? Um dieser Bedeutung auf den Grund zu gehen, sind folgende Fragestellungen nützlich:

- „Warum will ich 500 Euro mehr Gehalt?“
- „Zu welchem Zweck will ich 500 Euro mehr?“
- „Was sind meine Motive, 500 Euro zu fordern?

Als Interessen könnten sich herausstellen:

- Mehr Geld / Lebensunterhalt verdienen
- Anerkennung vom Chef
- Aufwertung vor den Kollegen
- Gleichbehandlung mit Kollege Maier

Es können aber auch ganz andere Interessen hinter der Forderung nach mehr Geld stehen, wie beispielsweise

- Weniger arbeiten und mehr Zeit haben
- Mehr Urlaub haben
- Einen bedürftigen Angehörigen unterstützen zu müssen.

Manche sachgerecht und effizient geführte Verhandlung führt durch die Erforschung der Interessen zu neuen und überraschenden Sichtweisen, die sich nicht ergeben hätten, wäre man auf den gegenseitigen Positionen verharrt und hätte um diese wie im Basar gefeilscht – beispielsweise können gemeinsame Interessen entdeckt werden.

Identifizieren Sie möglichst viele Interessen hinter den Positionen und beschränken sie sich nicht nur auf das so oft in den Vordergrund gestellte Interesse „mehr Geld“. Die Verhandlung hat zum Ziel, das ganze Spektrum möglicher Interessen *beider* Verhandlungspartner optimal zufrieden zu stellen. Und diese Aufgabe teilen Sie sich mit Ihrem Verhandlungspartner.

Gegensätzliche Positionen müssen nicht immer auch gegensätzliche oder widersprüchliche Interessen bedeuten. Sie müssen sich nicht ausschließen oder zwangsläufig im Konflikt stehen, sie können auch ganz einfach unterschiedlich sein, wie am Orangenbeispiel gezeigt wurde.

2. Die Welt mit den Augen ihres Verhandlungspartners sehen

Genauso wie Sie die eigenen Interessen möglichst tiefgründig erforschen, sollten Sie sich auch Gedanken darüber machen, welche Interessen Ihr Verhandlungspartner hat. Die eigene Sichtweise entspricht meist nicht der Ihres Verhandlungspartners. Er sieht die Verhandlung aus seiner Perspektive.

Versuchen Sie die relevanten Interessen zu antizipieren, da Sie dann in der Verhandlung bereits darauf vorbereitet sind. Dies gibt Ihnen die Chance, die Interessen – und damit die Person – zu würdigen und in der Verhandlung zu versuchen, einen Interessensausgleich herzustellen.

Darüber hinaus kann es geschehen, dass Sie sich Interessen des Verhandlungspartners überlegt haben, die dieser für sich selbst gar nicht erkannt oder formuliert hatte. Diese dann in der Verhandlung an den geeigneten Stellen einzubringen, führt zu einer Erweiterung der Sichtweisen. Mehrere Lösungen werden denkbar und ein Abschluss wird wahrscheinlicher.

3. Interessen unterschiedlicher Ebenen

Interessen in Verhandlungen können auf unterschiedlichen Ebenen identifiziert werden. Neben der offensichtlichen und häufig alleine in den Vordergrund gestellten Sachebene sind auch die Beziehungsebene und schließlich die Verfahrensebene zu berücksichtigen.

Die Sachebene – was möchte ich erreichen?

Die Sachebene spielt in Verhandlungen selbstverständlich eine große Rolle: Wie viel Geld soll für eine bestimmte Leistung bezahlt werden, wer soll welche Aufgaben im Arbeitsteam übernehmen oder wer holt die Tochter vom Kindergarten ab? Hier steht die Frage nach den Forderungen im Mittelpunkt: Was fordern Sie in der Verhandlung? Der angestrebte Preis ist ein Interesse auf der Sachebene. Sie möchten erreichen, dass Ihr Geschäftspartner seine Schulden an Sie begleicht und den großen Auftrag nicht storniert. Die Orange zu erhalten ist in dem zitierten Beispiel das verfolgte Sachinteresse. Der effiziente Verhandler verfolgt seine Interessen in der Sache und zwar bestimmt und klar: „Ich möchte die Orange, um daraus einen Fruchtsaft zu pressen."

Das Motto für die Sachebene lautet:
Bestimmt in der Sache

Beziehungsebene – mit wem?

Eine ebenso wichtige Rolle spielt die Beziehungsebene in der Verhandlung: Menschen mit Gefühlen und Bedürfnissen stehen sich gegenüber. Ein solches Bedürfnis ist zum Beispiel das Bedürfnis nach Anerkennung, das oft nicht genug beachtet wird.

Wenn Sie Ihren Architekten unbedingt im Preis drücken wollen, kann bei diesem neben der Sachebene auf der Beziehungsebene auch ankommen, dass Sie seine Arbeit nicht schätzen. Bei Ihrem nächsten Anliegen an den Architekten, einen vorher nicht geplanten Balkon doch noch in die Planung des Neubaus mitaufzunehmen, kann dies dann eher auf Ablehnung stoßen oder er wird einen besonders hohen Preis nennen, weil in der vorherigen Verhandlung „Kosten" auf der Beziehungsebene angefallen sind, die Ihnen jetzt indirekt präsentiert werden.

Die Beziehung zwischen den Verhandlungspartnern hat auch deshalb eine so große Bedeutung, weil die meisten Verhandlungen nicht nur einmal geführt werden. Die wenigsten Verhandlungen sind *one shot negotiations:* Einmal verhandeln und sich nie mehr sehen – wie die Situation in der Bahnhofsgaststätte: Ein Essen bestellen, verzehren und weiterreisen. Die Qualität und der Service können schlecht sein, schließlich fährt der Gast ja weiter und wird höchstwahrscheinlich nicht ein zweites Mal in diese Stadt kommen.

Viele Verhandlungen führen Sie mit den gleichen Personen. Und ein Jahr später muss der Sachbearbeiter, dem man einen Verfahrensfehler nachweisen konnte, über die Planung der Garage entscheiden. Der Sachbearbeiter ist natürlich nicht nachtragend, aber er hat sich sehr wohl ihren Namen gemerkt.

Für die Verhandlung mit Ämtern – zum Beispiel dem Finanz- oder Bauamt – können sie über Jahre den gleichen Ansprechpartner haben. Umso wichtiger ist es, ein gutes Verhandlungsklima auch über die Beziehungsebene herzustellen. Dies gilt insbesondere auch, wenn die Verhandlung nicht zu dem von Ihnen gewünschten Ergebnis führt und Sie aus Ohnmacht gute Lust hätten, es dem anderen zu zeigen. Diese Strategie mag zwar im Moment Erleichterung bringen, ist aber wenig dienlich zur langfristigen Zufriedenstellung ihrer Interessen.

Ist die Führungskraft sachlich und bestimmt statt emotional aufbrausend und ungerecht, werden die Mitarbeiter eher motiviert sein, das Gespräch zu suchen und zu verhandeln. Wenn die Führungskraft sich andererseits für die Beziehungsebene gar nicht interessiert und immer nur sachlich argumentiert, kann diese mangelnde emotionale Intelligenz dazu führen, dass der Mitarbeiter sich weniger angesprochen und wertgeschätzt fühlt. Manche Verhandlungen werden so nicht unbedingt leichter.

Das Motto für die Beziehungsebene lautet:
Sanft in der Beziehung

Trennen der Sache von der Beziehung

Sowohl die Überbewertung der Sachebene und die Unterbewertung der Beziehungsebene als auch die Überbewertung der Beziehungsebene auf Kosten Ihrer Sachinteressen führen weder zu einer effizienten Verhandlung noch zu einem tragfähigen Ergebnis. Trennen Sie die Person von der Sache. Die Nettigkeit des Verkäufers sollte nicht der Kaufgrund sein. In den Verhandlungen auftretende Probleme sollten als Probleme thematisiert werden, statt die Person zu beschuldigen. Effiziente und sachgerechte Verhandler formulieren das Problem und binden den Verhandlungspartner in die Problemlösung ein, statt ihn als Person anzugreifen.

Verfahrensebene – wie wollen Sie zu dem Ergebnis gelangen?

Die Verfahrensweise spielt im Verhandeln eine wichtige Rolle – wie wollen Sie miteinander verhandeln? Dies kann bereits zu Beginn der

Verhandlung thematisiert werden oder erster Gegenstand der Verhandlung sein:

„Ich schlage vor, dass wir zu Beginn erst einmal sehen, was unsere Standpunkte sind, um dann zu schauen, was uns jeweils wichtig ist, und anschließend gemeinsam nach Lösungen suchen."

„Wer legt als Erster seinen Standpunkt dar?" „Lassen Sie uns die Themen unseres heutigen Gesprächs sammeln und entscheiden, womit wir anfangen."

Aber auch in der Verhandlung selbst gibt es immer wieder Punkte, an denen Verfahrensfragen für das weitere Vorgehen zum Thema werden:

„An welcher Stelle der Verhandlung befinden wir uns gerade? Was sollte sinnvollerweise als nächstes getan werden?" Und wie tun wir das?"

So wie über diese Fragen gemeinsam gesprochen werden muss, so können Sie auch andere Bedürfnisse hinsichtlich der Verfahrensweise äußern, wie beispielsweise dem Wunsch nach frischer Luft, einer Pause oder dem Austausch von Interessen:

„Lassen Sie uns eine kurze Pause machen, lüften und eine Tasse Kaffee zu uns nehmen."

„Lassen Sie uns doch mal darüber sprechen, was unsere Standpunkte sind und welche Motive dahinter liegen."

Das Motto für die Verfahrensebene lautet:
Bewusst im Verfahren

4. Ein Verhandlungsfall als Beispiel

Frau Wal arbeitet in einem internationalen Vertriebsunternehmen. Die Geschäftsführung hat als neuen Kunden ein großes spanisches Unternehmen gewonnen, das auch gute geschäftliche Beziehungen in einige süd-amerikanische Länder besitzt. Die Zusammenarbeit soll in zwei Monaten beginnen.

Da Frau Wal als Vertriebssachbearbeiterin auch bisher internationale Kunden betreut hat, wird sie von ihrem Chef gebeten, die Betreuung dieses neuen spanischen Kunden zu übernehmen. Sie ist prinzipiell einverstanden, weist jedoch darauf hin, dass ihre Spanischkenntnisse seit Jahren brach gelegen haben und nur noch in Ansätzen vorhanden sind. Beide einigen sich sehr schnell darauf, dass sich Frau Wal um einen intensiven privaten Spanischunterricht kümmern soll. Die Firma ist bereit, einen Teil der Kosten zu übernehmen. Da bekannt ist, dass Frau Wal mit den Ressourcen des Unternehmens immer sparsam und kostenbewusst umgeht, lässt der Chef ihr in diesen Preisfragen freie Hand.

Am Abend erzählt Sabine Wal in einer Runde von Freunden von ihrem neuen Arbeitsgebiet – neue Aufgaben im internationalen Bereich haben Frau Wal schon immer stark interessiert – und fragt auch gleich nach Empfehlungen für guten Spanischunterricht. Ihr langjähriger Freund Moritz kennt einen jungen Spanier, Pablo Santos, der demnächst sein Schwiegersohn werden soll. Er komme aus Bilbao und verdiene mit Spanischunterricht einen großen Teil seines Studiums. Soweit er wisse, laufe das Geschäft für Pablo ziemlich gut, da er aufgrund von guten Empfehlungen viele Schüler bekäme. Moritz verspricht, Pablo die Arbeitsnummer von Frau Wal zu geben. Konkretes könnten sie dann direkt miteinander besprechen.

Natürlich ist es für die Verhandlungspartnerin, Frau Wal, ein Interesse, einen vernünftigen Preis für die Dienstleistung Spanischunterricht zu zahlen. Sicherlich hat sie aber auch eine Vielzahl weiterer Interessen, wie beispielsweise:

- effizienter Sprachunterricht, d. h. in möglichst kurzer Zeit viel Spanisch lernen (Sachinteresse – SI)
- in der Lage sein, auf Spanisch zu telefonieren (SI)
- berufliche Weiterentwicklung (SI)
- kompakte, möglicherweise flexible Unterrichtszeiten (SI)
- die Chemie muss stimmen – Sympathie zu ihrem Lehrer (Beziehungsinteresse – BI)
- gute Beziehung zu Freund Moritz aufrecht erhalten (BI)
- angemessene Verhandlungsatmosphäre (Verfahrensinteresse – VI).

Sinngemäß gilt das Gleiche für den jungen Spanischlehrer, Pablo Santos. Er hat die Interessen:

- einen für ihn guten Preis erzielen, schließlich „lebt“ er vom Spanischunterricht (SI)
- eine weitere Schülerin gewinnen (SI)
- eine gute Beziehung zu Moritz – er will dessen Tochter heiraten (BI)
- einen guten Unterricht geben (SI)
- weitere Empfehlungen aufgrund des guten Unterrichts erhalten (SI, BI).

Würde sich die anstehende Verhandlung lediglich auf den „richtigen“ Preis beziehen, blieben für beide Verhandlungspartner wichtige Interessen unberücksichtigt. Frau Wal verhandelt einen extrem niedrigen Preis, den Pablo missmutig akzeptiert. Wenn ein besseres Angebot kommt, wird er schon einen Grund finden, abzusagen. Außerdem wird er sich für diesen Preis nicht unbedingt gründlich auf den Unterricht vorbereiten. Dieses Verhandlungsergebnis wäre nur dann für Frau Wal sinnvoll, wenn ihr Interesse „billiger Unterricht“ absolute Priorität hätte. Ist es ihr prioritäres Interesse, schnell und effizient Spanisch zu lernen, hätte sie dieses durch einen extrem niedrigen Abschluss gefährdet, da Pablos Sprachunterricht nicht so optimal ausfällt.

Wenn Pablo Santos seinerseits aber einen extrem hohen Preis fordert, könnte Frau Wal daraufhin ihren Freund Moritz fragen, was für einen zukünftigen Schwiegersohn er sich denn da einzuhandeln gedenke. Das Interesse, eine gute Beziehung zu dem zukünftigen Schwiegervater Moritz zu erhalten, würde unter dem Verhandlungsergebnis leiden. Die Aufgabe im effizienten Verhandeln besteht darin, die eigenen Interessen und die des Verhandlungspartners im Auge zu behalten.

Aus strategischen Gesichtspunkten kann es sogar sinnvoll sein, Frau Wal als Schülerin zu einem geringeren Preis zu bekommen, wenn die Chance besteht, dadurch für den – besser bezahlten – Unterricht in Unternehmen weiterempfohlen zu werden. Dann wäre das Interesse an zukünftigen Kunden höher zu bewerten als das Interesse, mit dem Spanischunterricht für Frau Wal direkt Geld zu verdienen.

Bereits in der Vorbereitung auf die Verhandlung sollten Sie sich Ihre Interessen überlegen und zwecks besserer Übersicht auch aufschreiben. Ebenso empfiehlt es sich, die Interessen, die Ihr Verhandlungspartner Ihrer Meinung nach haben könnte, aufzulisten.

Verhandlungsgegenstand:	
Meine Interessen	**Interessen des Verhandlungspartners**

In einem nächsten Schritt versuchen Sie, die Interessen – Ihre eigenen, und soweit Sie können, auch die antizipierten Interessen Ihres Verhandlungspartners – mit Hilfe geeigneter Kriterien zu bewerten. Solche Kriterien können z.B. sein:

- kurzfristig – langfristig oder
- strategisch – taktisch.

Pablo Santos könnte als kurzfristiges Interesse für sich definieren, dass er eine neue Schülerin gewinnen möchte; ein langfristiges Interesse könnte für ihn beispielsweise sein, dass diese Schülerin ihm die Türen für den Sprachunterricht in Unternehmen öffnet.

Eine Bewertung kann beispielsweise auf einer Skala von 0 (gar nicht wichtig) bis 5 (sehr wichtig) erfolgen. Frau Wal würde auf ihrer Tabelle das Folgende eintragen:

Tab. 2: Interessen

Meine Interessen	Wichtig 0 – 5	Antizipierte Interessen von Pablo Santos	Wichtig 0 - 5
Effizient Spanisch lernen	5	Gute Beziehung zum zukünftigen Schwiegervater	5
Unterricht möglichst in der Firma bekommen	4	Lebensunterhalt verdienen	4
Möglichst günstiger Preis	4	Effiziente Unterrichtsgestaltung	4
Gute Beziehung zu Freund Moritz	3	Neue Kunden erschließen (z.B. Unternehmen)	3
etc.		etc.	

Eine solche Tabelle zu Beginn einer Verhandlung auszufüllen, erfüllt mehrere Zwecke:

- Es zwingt Sie, sich mit Ihren eigenen Interessen, die sich hinter vielleicht bereits formulierten Positionen verstecken, auseinanderzusetzen.
- Sie stellen über die Kriterien für sich selbst klar und deutlich heraus, welche Punkte für Sie Vorrang haben, welche zwar bedenkenswert aber u.U. weniger wichtig sind.
- Sie bereiten sich über die antizipierten Interessen Ihres Verhandlungspartners darauf vor, was dieser in die Verhandlung vielleicht einbringen wird und zusätzlich:
- Sie können Ihrerseits seine weiteren möglichen Interessen, an die er selbst gar nicht gedacht hat, in die Verhandlung einbringen.

Über die ausgefüllte Tabelle bekommen Sie einen guten Überblick über das, was Sie und Ihr Verhandlungspartner trennt, aber auch, und dies ist besonders wichtig, über die Punkte, die Sie verbinden.

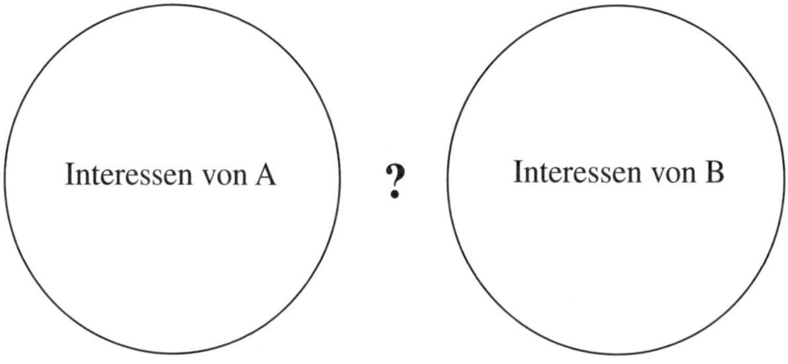

Abb. 2: Gegensätzliche Interessen

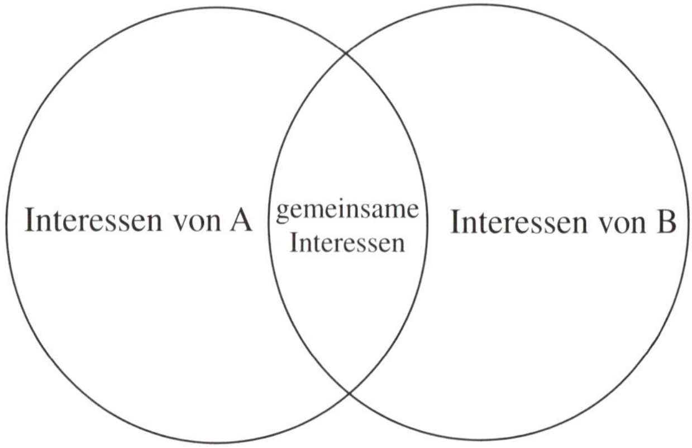

Abb. 3: Interessensüberschneidungen feststellen

Würden beide Partner hingegen, wie sonst in Verhandlungen eher ständige Praxis, lediglich auf ihren Positionen beharren, dann ist ein Verhandlungsergebnis, das auch die gegenseitigen Interessen, Bedürfnisse und Wünsche zu befriedigen sucht, sehr viel schwerer zu erreichen.

Merksatz 2:
Versteifen Sie sich nicht auf Positionen. Orientieren Sie sich stattdessen auf die Interessen – die eigenen und die des Verhandlungspartners. Stellen Sie die gemeinsamen Interessen fest.

Der Umgang mit den Interessen – Eigene Interessen benennen

Die Identifizierung der Interessen, sowohl Ihrer eigenen als auch der antizipierten des Verhandlungspartners, ist als erster Schritt, um von den reinen Positionen weg zu kommen, sehr wichtig. Mit der Kenntnis Ihrer Interessen sind Sie in der Lage, diese in der Verhandlung zu benennen.

Indem Sie Ihre eigenen Interessen äußern, schaffen Sie ein positives Verhandlungsklima, das durch verschiedene Faktoren gekennzeichnet ist:

Sie ermöglichen Ihrem Verhandlungspartner zu verstehen, was Ihnen wichtig ist. Sie zeigen durch das Benennen Ihrer Interessen, dass es Ihnen wichtig ist, hinter die Kulissen der Positionen zu schauen, um ein gegenseitiges besseres Verständnis für den Verhandlungsgegenstand zu ermöglichen. Dies öffnet auch den Verhandlungspartner und ermöglicht es ihm, sich über seine Interessen Gedanken zu machen – sofern er dies nicht schon in der Vorbereitung getan hat. Und er bekommt dadurch die Möglichkeit, diese ebenfalls zu formulieren. Schließlich schafft die Äußerung der eigenen Interessen ein persönliches Verhandlungsklima und baut dadurch eine positive Beziehungsebene auf, da Sie etwas über sich selbst äußern.

Frau Wal: „Mir ist wichtig, Spanisch mit dem Schwerpunkt Wirtschaftsspanisch zu lernen, um die neue Aufgabe in unserer Firma professionell ausführen zu können.“ (Sachinteresse)

Frau Wal: „Mir ist wichtig, dass wir so verhandeln, dass das Ergebnis für uns beide einen Vorteil bringt“ (Sach- und Verfahrensinteresse).

Indem Sie Ihre eigenen Interessen benennen, werden Sie für Ihren Verhandlungspartner transparent. Das heißt aber nicht, dass Sie in allen Punkten und zu jedem Zeitpunkt der Verhandlung transparent sein müssen.

5. Ein Scheitern zulassen können durch die *Beste Alternative*

In effizienten Verhandlungen wird versucht, die Interessen *beider* Verhandlungspartner möglichst optimal zufrieden zu stellen und zu einem Ergebnis zu kommen. Aber nicht immer ist das erfolgreich. In manchen Fällen empfiehlt es sich sogar, die Verhandlung scheitern zu lassen bzw. zu keinem Ergebnis zu gelangen, weil Sie Ihre Interessen nicht befriedigen können. Wir warnen jedoch davor, zu schnell abzubrechen.

Es gibt Verhandlungssituationen, in denen die Interessen der Verhandlungspartner nicht zusammenkommen können. Ein Verhandlungspartner befindet sich in einer derart starken Position, dass es keine Möglichkeiten für den schwächeren Partner gibt, eine Interessensüberschneidung zu entwickeln: Der stärkere Partner kann seine Interessen anderweitig besser befriedigen.

Aus dem bereits erwähnten *Sachgerechten Verhandeln* stammt die Formulierung der so genannten *BATNA (Best Alternative to a Negotiated Agreement)*. Im Deutschen wird dafür der Begriff *Beste Alternative* verwendet *(Fisher, Ury, Patton,* S. 143 ff.). Immer wenn Ihre *Beste Alternative* besser ist als das, was Sie in der Verhandlung erreichen können, macht es keinen Sinn mehr, die Verhandlung fortzuführen.

Dazu müssen Sie sich möglichst bereits in der Vorbereitungsphase überlegen, was geschieht, wenn die Verhandlung scheitert und welche Alternativen Sie zu einem möglichen Verhandlungsergebnis haben. Diese können dabei durchaus zahlreich, sie müssen aber nicht immer positiv sein. Die beste dieser Alternativen sollten Sie sich dann vergegenwärtigen und in der Verhandlung für sich selbst zur Verfügung haben.

Mit diesem Wissen erlangen Sie in der Verhandlung Selbstsicherheit und verhindern, dass Sie sich auf ein Verhandlungsergebnis einlassen, das Sie hinterher bereuen. Insofern dient die *Beste Alternative* auch zur Überprüfung ihres möglichen Verhandlungsergebnisses und stellt eine effiziente Verhandlung sicher. In der Verhandlung sollten Sie eine Lösung finden und realisieren können, die für Sie besser ist als Ihre *Beste Alternative*.

Wenn Sie eine Stelle für monatlich 4000 Euro angeboten bekommen, und haben aber eine Alternative zu 5000 Euro, so wäre es ratsam, die Verhandlung abzubrechen und auf die Alternative zurückzugreifen. Dabei muss die Stelle für 5000 Euro allerdings auch all den anderen Kriterien entsprechen, die für Sie wichtig sind, und sie muss Ihre Interessen befriedigen.

Wenn Sie wissen, dass Sie nach dem Bewerbungsgespräch noch weitere fünf Termine erwarten und die Personalberater bundesweit nach Ihrem Kompetenzprofil fahnden, dann sind Sie relativ entspannt in der Verhandlung.

Wenn Ihre *Beste Alternative* ziemlich schlecht ist, also eine *WATNA (Worst Alternative to a Negotiated Agreement),* dann können Sie auch versuchen, sie zu verbessern, indem Sie sich beispielsweise noch alternativ um andere Bewerbungsgesprächstermine kümmern, wenn Sie bisher lediglich einen Termin haben. Ihre *Beste Alternative* möglichst stark zu gestalten, gibt Ihnen Sicherheit in der Verhandlung.

> *Merksatz 3:*
> Denken Sie vor Verhandlungsbeginn über Ihre Alternativen zur Verhandlung nach. Was wäre, wenn die Verhandlung scheitert? Worauf können Sie dann zurückgreifen?

Bei dem Gebrauch der *Besten Alternative* stellt sich die Frage nach dem Umgang mit ihr. Ist sie gut, sollten Sie Ihre Verhandlungspartner indirekt von Ihrer Existenz wissen lassen. In einem Bewerbungsgespräch anzudeuten, dass es noch weitere Gespräche gibt, ist sicher von Vorteil. Mit dieser Alternative zu protzen und sich zurückzulehnen, ist eher gefährlich. „Dann gehen Sie doch zu der anderen Firma", könnte die Reaktion sein.

Auch die Frage nach der Transparenz stellt sich bei der *Besten Alternative*. Im Falle einer schlechten *Besten Alternative (WATNA)*, sollten Sie diese nicht mitteilen.

Die *Beste Alternative* muss auch eine tatsächliche Alternative sein. Wenn Sie also beispielsweise sagen, dass Sie diese Stelle nicht annehmen, weil Sie eine andere Stelle bekommen können, dann muss das auch tatsächlich eine erreichbare Alternative sein. Sich hier in die eigene Tasche zu lügen, hilft weder für die Verhandlung noch für das schließlich erreichte Ergebnis.

Sofern Ihnen das möglich ist, hilft es Ihnen in der Verhandlung auch, sich mit der *Besten Alternative* Ihres Verhandlungspartners zu beschäftigen. Auch dies kann Ihnen Sicherheit in der Verhandlung geben. Ist die *Beste Alternative* Ihres Verhandlungspartners gut, können Sie diese auch angreifen und versuchen, seine Position zu verschlechtern. Jetzt liegt die Annahme nahe, über eine weniger gute *Beste Alternative* mit der unfairen Taktik des Bluffs hinweg zu täuschen. Um es gleich vorwegzunehmen: Wir warnen ausdrücklich davor.

In einem Akquisegespräch den Terminkalender mit vielen geblockten Terminen auszubreiten, um den Anschein gut gehender Geschäfte vorzutäuschen, ist sicher verführerisch. In der weiteren Verhandlung stellen sich solche Bluffs meist als weniger effizient heraus, wenn man beispielsweise bei Nachfragen nach möglichen Terminen dann doch plötzlich häufig disponibel ist; ein solches Verhalten bringt Ihr Gegenüber ins Nachdenken und schneller als Sie erwarten, ist Ihre Glaubwürdigkeit als Verhandlungspartner gefährdet. Und Sie schwächen damit Ihre Position. Der Bluff kann auch unentdeckt bleiben. Allein die Gefahr reicht uns bereits, davon abzuraten. Die *Beste Alternative* spürt Ihr Verhandlungspartner. Deshalb ist es so wichtig, sich nicht auf einen Auftrag zu fixieren, sondern mehrere Eisen im Feuer zu haben. Um bei diesem Bild zu bleiben: Mehrere Eisen im Feuer verlangen Ihnen viel Aufmerksamkeit ab und diese Geschäftigkeit spürt Ihr Gegenüber.

IV. Die Verhandlungsmasse durch neue Ideen erweitern

Wenn in Verhandlungen Positionen bezogen werden, dann kann eine Aushandlung über genau diese Positionen erfolgen: Entweder man schließt sich einer Position an oder setzt eine eigene dagegen oder versucht, sich über die Positionen zu einigen und trifft sich in der Mitte; damit wird schnell ein Ergebnis erzielt. Auf der Strecke bleibt die Suche nach den über die Positionen hinausgehenden beiderseitigen Interessen, die ein Ergebnis zulassen, bei dem weit mehr befriedigt wird als die ursprünglichen Positionen – die Kunst, den Kuchen zu vergrößern.

Die eigenen Interessen vor der Verhandlung zu formulieren und die Interessen des Verhandlungspartners versuchen zu antizipieren ist ein erster wichtiger Schritt, um den Kuchen zu vergrößern. In der Verhandlung selbst sollte nun, nach einem ersten Austausch der Positionen, damit begonnen werden, die unterschiedlichen Interessen zu untersuchen und zu benennen. Bei einer guten Vorbereitung auf die Verhandlung werden sich hier in vielen Fällen bereits Überschneidungen zwischen den eigenen und den Interessen des Partners ergeben, die eine gute Grundlage für die Aushandlung ergeben.

1. Optionen entwickeln – was sind mögliche Lösungen?

Je mehr Lösungen entwickelt werden, desto größer ist die Wahrscheinlichkeit, das optimale Ergebnis für alle Verhandlungsbeteiligten zu erzielen. Allein die Entdeckung einer ersten Lösung bedeutet noch nicht, dass dies die beste aller möglichen Lösungen ist.

Untersuchungen zufolge zeichnen sich effiziente und erfolgreiche Verhandler dadurch aus, dass sie mehr Ideen zur Verfügung haben oder entwickeln als die durchschnittlichen Verhandler. Der durchschnittlich erfolgreiche Verhandler bringt im Schnitt 2,6 Ideen pro Verhandlungsgegenstand ein, während die Zahl bei dem erfolgreichen Verhandler 5,1 Ideen beträgt (*Harris, Moran*, S. 48).

Optionen sind auch dann behilflich, wenn es in der Verhandlung erst mal nicht weitergeht und nur Positionen ohne Hoffnung auf Lösungen sich gegenüberstehen oder die Differenzen zunächst überwiegen. Verhandlung ist auf keinen Fall eine Übung zur Beseitigung von Differenzen, sondern ihrer bewusst zu sein und sie zu nutzen, um ein besseres Verhandlungsergebnis zu erzielen.

Frau Wal möchte 40 Euro für die Doppelstunde zahlen, Pablo möchte unter 50 Euro nicht arbeiten. Welche Möglichkeiten bieten sich, die Differenz von 10 Euro zu überwinden?

Oft wird in solchen Verhandlungssituationen versucht, ein Ergebnis in der Mitte zu erzielen – jeder macht einen Schritt auf den anderen zu – von 40 zu 45 Euro und von 50 zu 45 Euro und schon ist die Einigung erzielt. Diese Verhandlungsstrategie ist bekannt unter dem Namen des Kompromisses. Ohne auf die Interessen eingehen zu müssen, treffen sich die Verhandlungspartner in der Mitte.

Eine andere Vorgehensweise stellt die Differenz fest und fragt dann, welche Lösungen möglich sind, um trotz 50 Euro Forderung und 40 Euro Angebot zu einem Ergebnis zu gelangen.

Optionen könnten sein:

- Frau Wal kommt zu Pablo
- Gruppenunterricht, der für jeden nur 40 Euro kostet
- Empfehlung in der Firma
- Frau Wal kocht für Pablo anschließend
- Frau Wal lernt mit Pablo Wirtschaftsdeutsch
- etc.

Die Option willkommen heißen bedeutet, sie aufzunehmen und zu verstehen.

2. Optionen sind noch keine Lösungen

Optionen werden oft vor der Verhandlung überlegt und als fertige Lösungen präsentiert. Optionen sind erst einmal nur Möglichkeiten, wie die Differenzen, die eine Verhandlung überhaupt erst notwendig gemacht haben, überbrückt werden könnten. Wenn sie jedoch nicht als Möglichkeiten präsentiert werden sondern als Lösungen, dann wird der Verhandlungspartner aus dem Entscheidungsprozess ausgeschlossen. Es wird ihm lediglich mitgeteilt, was die Lösung der Differenz ist. Mit der Präsentation der Option oder Lösungsmöglichkeit als Lösung wird die Verhandlung als gemeinsamer Suchprozess verhindert. Der Verhandlungspartner kann die vom anderen gefundene Lösung akzeptieren oder nicht. Dass die Lösung nicht von ihm erarbeitet wurde und nicht seine ist, bleibt unberücksichtigt.

Frau Wal hatte die Idee, Pablo an ihren Geschäftsführer zu empfehlen. Und Pablo hatte die Idee entwickelt, dass Frau Wal an seinem Gruppenunterricht teilnimmt. Als Optionen und nicht als Lösungen können diese Ideen die Verhandlungsmasse erweitern und Möglichkeiten aufweisen, um von den Positionen wegzukommen. Dies erfordert von den Verhandlungspartnern, offen zu sein und die Vorschläge zu prüfen.

Frau Wal: Herr Santos, mir scheint dies eine gute Lösungsmöglichkeit. Vielleicht finden wir aber auch noch eine andere, die uns beiden gerecht wird.

Damit werden Blockaden und gegenseitiges Abblocken vermieden. Frau Wal zeigt die Bereitschaft, sich auch von anderen Optionen überzeugen zu lassen.

Effiziente Verhandler benutzen den Verhandlungspartner als Ideenquelle für Optionen – er könnte eine Idee liefern, die ich ohne ihn nicht hätte. Ein Kriterium für eine erfolgreiche Verhandlung wird dann erfüllt, wenn eine Idee innerhalb der Verhandlung geboren wurde, die vor der Verhandlung noch nicht existierte.

Der Einsatz von Optionen verlangt die Offenheit von den Verhandlungspartnern, die eigenen Optionen und die des anderen zu prüfen und gegebenenfalls die eigenen fallen zu lassen. Stellen Sie Ihre Optionen nicht als die einzig Mögliche dar und machen Sie klar, dass es auch andere geben kann, an denen Sie interessiert sind, ohne dabei auf Ihre Interessen zu verzichten. Ohne Offenheit für die Lösungsvorschläge des anderen werden die eingebrachten Optionen leicht zu Positionen.

Die Entwicklung von Optionen ist ein kreativer Moment in der Verhandlung.

Merksatz 4:
Bleiben Sie offen für andere Lösungsmöglichkeiten
oder eine andere Vorgehensweise.

3. Herausforderung Kreatives Denken

Verhandlungen können, wenn sie über den reinen Austausch von Positionen hinausgehen, sehr kreative Kommunikationssituationen darstellen. Man begibt sich auf die Suche nach anderen und weiteren Optionen und später Lösungen, um gemeinsam für beide mehr herauszuholen, als die ursprünglichen Positionen vermuten lassen.

Solche kreativen Prozesse ergeben sich aber weder von alleine noch sind sie einfach zu erreichen. Verschiedene Herausforderungen sind zu meistern.

4. Offenheit für neue Ideen

Eine der größten Herausforderungen beim kreativen Denken liegt im Umgang mit neuen Ideen. Wenn allenthalben die Innovationsunfähigkeit in verschiedenen Bereichen unserer Gesellschaft beklagt wird, dann liegt das an dem einfachen Fakt, dass neue Ideen prinzipiell erst einmal unsicher machen. Jede neue Idee stellt etwas, das vorhanden ist und bisher vielleicht auch gut funktioniert hat, in Frage. Darüber hinaus ist bei einer neuen Idee noch nicht klar, ob sie auch wirklich funktioniert bzw. was getan werden muss, um sie umzusetzen.

Aufgrund genau dieser Eigenschaft einer neuen Idee fällt es überhaupt nicht schwer, erst einmal zu behaupten: „Das kann eh nicht funktionieren!“ oder: „Wie soll das denn gehen?!“ Neue Ideen werden also gerne „abgeschossen“ und das häufig bevor sie überhaupt genauer untersucht worden sind. Offenheit für neue Ideen kann man weder verordnen noch erzwingen, man kann sich allerdings einige erprobte Hilfsmittel für eine kreativere Umgebung in Verhandlungen zunutze machen (siehe dazu weiter unten).

5. Generieren und Bewerten von Optionen trennen

Zunächst können ganz viele Ideen geäußert werden, ohne den Anspruch auf Realisierbarkeit zu haben. Wichtig ist in dieser Phase der

Optionsentwicklung, jede Idee willkommen zu heißen, ohne sie sofort einer Bewertung zu unterziehen – weder positiv noch negativ. Werden die Ideen bewertet, so kann das sehr schnell den kreativen Prozess behindern oder gar zum Erliegen bringen.

Merksatz 5:
In der Phase der Optionsentwicklung: Sammeln Sie die Optionen, ohne sie zu bewerten.

Nun ist diese wohlfeile Aufforderung zwar durchaus richtig, aber erfahrungsgemäß tut man sich mit neuen Ideen nicht leicht. Außerdem sagt die Aufforderung, nicht zu bewerten, noch nichts darüber aus, was man stattdessen tun sollte. Einige methodische Hilfsmittel dazu werden im nächsten Kapitel beschrieben.

V. Befriedigung der Interessen – Komplexität meistern

Nachdem nun Ideen entwickelt worden sind, besteht für beide Verhandlungspartner in solchen dynamischen Verhandlungen die Aufgabe, das Ziel und die Lösungsmöglichkeiten im Fokus zu behalten. Zusätzlich müssen sie auf den Abschluss der Verhandlung hinwirken, bei dem aus den Lösungsmöglichkeiten nun Lösungen gemeinsam verabredet werden, um die Interessen zu befriedigen.

Wenn die *Zahl Sieben plus/minus Zwei* für die Menge an Dingen, die man als Mensch in einer Zeiteinheit gleichzeitig kontrollieren und im Blick behalten kann, stimmt, dann geraten wir in vielen Verhandlungen normalerweise schnell an Grenzen (*George A. Miller*, zit. nach *Malik*, S. 108). Nicht umsonst sieht *Haft* einen der Gründe, warum viele Menschen den intuitiven, an den Bazar erinnernden Verhandlungsstil bevorzugen, darin, dass wir in der Regel von Komplexität überfordert sind (*Haft*, besonders S. 54 ff.). Dabei ist Komplexität ein notwendiger Bestandteil einer effizienten Verhandlung, da ja bewusst über die Erforschung der verschiedenen Interessen und Optionen nach neuen und weiteren Lösungen für ein befriedigendes Verhandlungsergebnis gesucht wird. Im Folgenden werden einige Hinweise gegeben, diese Komplexität beherrschbar zu machen.

1. Methodisches Hilfsmittel: Die sechs Hüte des Denkens

Ein methodisches Hilfsmittel dazu ist die Methode der *sechs Hüte des Denkens*, die von *Edward de Bono* entwickelt worden ist. Sie ist mittlerweile weit verbreitet und wird für unterschiedliche Gesprächssituationen genutzt.

Der Begriff „Hut" ist in der englischen Sprache, der Muttersprache *de Bonos*, eng verknüpft mit Denken, z. B. würde man *to put one's thinking cap on* mit *scharf nachdenken* übersetzen. Das symbolische Aufsetzen oder Tragen eines Hutes in einer Diskussion steht für eine bestimmte Denkrichtung, die man einnimmt und unter der man ein Thema betrachtet. Im deutschen Sprachgebrauch stehen *Hüte* eher für Rollen, die man einnimmt, beispielsweise der Kardinalshut oder die Narrenkappe, wobei deren Träger im Mittelalter eine sehr wichtige soziale Rolle einnahm (er war der Einzige, der die Sorgen des Volkes dem Fürsten nahe bringen konnte und sollte). Man kann daher auch sagen, dass der Hut, den man gerade trägt, die jeweilige Rolle symbolisiert, die der betreffende Hut darstellt. Die *sechs Hüte* werden im Folgenden kurz skizziert.

Der grüne Hut

Grün steht für Wachstum und natürliche Energie. Der grüne Hut ist der Hut der Kreativität: Unter ihm werden neue Ideen entwickelt, nach neuen Wegen gesucht, ein Vorhaben auszuführen, Alternativen gesucht und neue innovative Vorschläge erarbeitet, ohne sie zu bewerten. Der grüne Hut gibt die Möglichkeit, einen Raum zu schaffen, in dem bewusst nach neuen Wegen gesucht wird. Damit kann ein Mikroklima für Kreativität geschaffen werden. Der grüne Hut bedarf keinerlei Begründungen oder logischer Grundlage. Unter ihm darf alles an neuen Möglichkeiten gedacht werden. Vieles von dem, was wir heute an technischen Entwicklungen und neuen Produkten besitzen, war zu der Zeit, als es entwickelt wurde, unlogisch oder undurchführbar. Denken Sie nur an Handys, an PCs, die heute über Speicher- und Rechnerkapazitäten verfügen, die noch vor zehn Jahren als undenkbar galten, etc. Klassische Denkblockaden aus neuester Zeit sind beispielsweise: „Es gibt überhaupt keinen Grund, warum irgendjemand einen Computer bei sich zu Hause haben will" (*Ken Olson*, Gründer und Präsident der Großrechnerfirma Digital Equipment, 1977). Oder *Bill Gates:* gerade *Bill Gates* – denken Sie nur an die Rechner- und Speicherkapazitäten der Microsoft-Produkte, meinte noch 1981, dass 640 Kilobyte für jeden ausreichend sein sollten (zu finden unter: *http://freunde.imperium.de/gansel/irrtum.htm*). Für die Suche nach verschiedenen Optionen in einer Verhandlung ist der grüne Hut gedacht.

Der weiße Hut

Der weiße Hut steht für Information, Zahlen, Daten und Fakten: Welche Informationen sind bekannt? Welche sind notwendig und noch nicht bekannt? Wie können diese gewünschten Informationen beschafft werden? Wobei Informationen hier die gesamte Bandbreite umfassen, die von Gerüchten, also das, was einem zugetragen wurde, bis hin zu den sogenannten wohlinformierten Kreisen reicht. Daher ist es auch eine Aufgabe des weißen Hutes, die Quelle der Information zu nennen.

Der rote Hut

Er steht für Emotionen und Intuitionen. Sowohl im Denken als auch bei Diskussionen spielen sie eine Rolle. Nur häufig werden sie, besonders in geschäftlichen Diskussionen, verbrämt als Daten und Fakten. Der rote Hut gibt die Möglichkeit, den Gefühlen den notwendigen Raum einzuräumen, ohne sie hinter vorgeschobenen Fakten verstecken zu müssen. Daher ist es wichtig, dass die Aussagen unter dem roten Hut nicht gerechtfertigt werden. Es geht um das eigene Gefühl zu einer Sache. Auch Entscheidungen werden manchmal unter dem roten Hut getroffen oder müssen sogar unter ihm getroffen werden, da wir keine Fakten zu dem Thema besitzen und uns auf unsere Intuition, die auf jahrelangen Erfahrungen beruhen kann, verlassen müssen.

Der schwarze Hut

Schwarz steht für die schwarze Robe eines Richters. Richter sind angehalten zu überprüfen, ob wir etwas Ungesetzliches getan haben. Insofern steht der schwarze Hut für Gefahren, Schwierigkeiten und Probleme. Der schwarze Hut ist, im Gegensatz zum roten Hut, ein logischer

Hut; Sie müssen begründen können, warum etwas eine Gefahr, eine Schwierigkeit oder ein Problem darstellt. Unter dem schwarzen Hut wird überprüft, ob eine Idee oder ein Vorgehen mit den Strategien des Unternehmens, mit Gesetzen und Vorschriften in Einklang steht. Im Allgemeinen ist uns die Denkweise unter dem schwarzen Hut sehr vertraut, weil wir darauf trainiert sind, auf Probleme und Gefahren zu achten. Das Problem ist nicht das Denken unter dem schwarzen Hut, sondern dass man ihn manchmal zu häufig oder an den falschen Stellen aufsetzt. Es wäre aber falsch, deswegen mit ihm nur halbherzig nachzudenken: Wenn er aufgesetzt wird, muss über alle Schwierigkeiten und Probleme eines Themas, eines Vorschlages nachgedacht werden.

Der gelbe Hut

Als das Pendant zum schwarzen Hut beschäftigt sich der gelbe Hut mit den positiven Aspekten einer Idee, einem Vorgehen, einer Strategie oder einer Situation. Unter dem gelben Hut wird nach Vorteilen, Nutzen und Werten gesucht. Auch unter ihm muss begründet werden. Dieser Hut ist vielleicht der schwierigste und ungewohnteste der *sechs Hüte*, weil man sich bemühen muss, nach den positiven Aspekten zu suchen und sie zu begründen.

Der blaue Hut

Blau als kalte, klare Farbe und die Farbe des Himmels symbolisiert den emotionslosen Überblick. Der blaue Hut ist der Dirigent, der sich mit der Prozesssteuerung und dem Denken an sich beschäftigt. Unter ihm werden Tagesordnungen entwickelt, der gewünschte Output einer Sitzung festgelegt und über das Denken selbst reflektiert (die Metaebene). Er dient schließlich dazu, Entscheidungen einzufordern und weitere Schritte festzulegen, wer was wann tun und was weiter geschehen soll. Er fordert auch die Disziplin des Fokus und des parallelen Denkens unter den Hüten ein.

Die *sechs Hüte* stehen also für verschiedene Denkrichtungen, die zu einem Thema eingenommen werden können und unter denen ein Thema untersucht wird.

Es ist wichtig zu verstehen, dass die Hüte nicht zur reaktiven Einordnung von dem, was gedacht oder gesagt wurde, verwendet werden. Es ist ein proaktives System, bei dem man unter dem jeweiligen Hut, den man symbolisch gesprochen aufsetzt, danach sucht, welche Aspekte gefunden werden (teilweise übernommen aus *Novak*).

2. Unterschiedliche Parameter im Blick behalten

Bereits in der, so würde man erst einmal annehmen, einfachen Verhandlung von Frau Wal mit dem Studenten Pablo Santos über den Sprachunterricht in Spanisch sind eine Vielzahl von Parametern zu berücksichtigen:

Frau Wal's Interessen an der Intensität des Spanischunterrichtes, dem Ort, der Qualität, dem vernünftigen Preis, der Sympathie zum zukünftigen Lehrer und, falls dieser Pablo Santos sein sollte, auch der Empfehlung über einen Freund, der demnächst der Schwiegervater des Lehrers sein wird. Hinzu kommen Pablo Santos Interessen, die darin bestehen, einen guten Preis für seinen Unterricht zu erzielen, seinen Aufwand in einem vertretbaren Maße zu halten und eine gute Beziehung zum künftigen Schwiegervater sicherzustellen.

Eine weitere Herausforderung für die Verhandlung besteht darin, dass diese Parameter nicht unbedingt, selbst bei der besten Vorbereitung, alle bereits vorher einem oder beiden Verhandlungspartnern bekannt sind. Sie werden erst im Rahmen der Verhandlung bekannt und müssen dort verarbeitet werden. Gerade das effiziente Verhandeln will mit seiner Hinwendung auf die Interessen der Verhandlungspartner und die mögliche Vergrößerung des Kuchens durch die kreative Lösungssuche den Spielraum für ein Verhandlungsergebnis vergrößern und mehr aus dem machen, als zu Beginn der Verhandlung möglich schien.

So kann beispielsweise erst in der Verhandlung zwischen Frau Wal und Pablo Santos zur Sprache kommen, dass Frau Wal durch ihren großen Bekanntenkreis und durch ihre Mitarbeit in der lokalen Industrie- und Handelskammer als Prüferin für kaufmännische Sachbearbeiterinnen über eine Vielzahl von Kontakten verfügt. Diese könnte sie nutzen, um Pablo Santos als Sprachlehrer für Spanisch in Unternehmen zu empfehlen. Hier öffnet sich für den Lehrer eine Tür, an die er zuvor nicht gedacht hatte und die er nun in seine Strategie einbeziehen kann. Die Frage, die sich ihm jetzt stellt und die er für sich zu beantworten hat, lautet, ob er daran Interesse hat und auch, wie er mit solch einem möglichen Angebot von Frau Wal umgehen soll. Und wie soll Frau Wal darauf reagieren, wenn sie merkt, dass sie über etwas verfügt, das für ihren zukünftigen Sprachlehrer von Bedeutung ist oder sein kann? Effiziente Verhandlungen, die sowohl inhaltliche Fragen als auch Beziehungsaspekte in der Kommunikation berücksichtigen, verlaufen dynamisch und bringen eine Anzahl weiterer Interessen und Möglichkeiten, sie zu befriedigen, zum Vorschein.

Themen bestimmen und nacheinander abarbeiten

In einer Verhandlung treten, vor allem wenn auf die Interessen der Verhandlungspartner Bezug genommen wird, verschiedene Themen auf. Diese sollten bestimmt und gemeinsam in eine Reihenfolge gebracht werden, um sie dann zusammen nacheinander abzuarbeiten. Je nach Menge der Punkte und vorhandenen Hilfsmitteln ist es hilfreich, die Themenliste zu visualisieren, entweder auf Flipchart oder auch auf einem gemeinsamen Stück Papier. Bezogen auf die Verhandlung zwischen Frau Wal und Pablo Santos könnte eine Themenliste beispielsweise folgendermaßen aussehen:

- Dauer und Ort (z.B. in der Firma von Frau Wal) des Sprachunterrichts?
- Wie häufig?
- Einzel- oder Gruppenunterricht; oder eine Mischung aus beidem?
- Starre Zeiten im Voraus buchen oder geht es auch flexibler nach Anforderungen von Frau Wal?
- Preis pro Unterrichtseinheit?

  usw.

Bei einigen Themen, wie beispielsweise der Häufigkeit des Unterrichtes, können in diesem Stadium vielleicht bereits Entscheidungen getroffen werden. Bei den meisten anderen Themen sind hingegen weitere Optionen zu entwickeln. Dabei ist es notwendig, wie bereits im vorherigen Kapitel erwähnt, diese Optionen auch als Optionen vorzubringen, d. h. Möglichkeiten für die Lösung, nicht fertige Lösungen.

Da diese nicht voneinander unabhängig sind, ist es wichtig, immer wieder gemeinsam darauf zu achten, wo man gerade steht und worüber man gerade verhandelt. Beispielsweise kann die Preisfrage anders verhandelt werden, wenn Pablo Santos ein Interesse daran hat, Kontakte und Empfehlungen zu weiteren Unternehmen durch Frau Wal zu bekommen, und feststellt, dass Frau Wal ihm diese auch tatsächlich besorgen kann. Ebenso kann für Frau Wal das Interesse bestehen, möglichst flexibel bei der Buchung der Unterrichtsstunden zu sein. Für Pablo Santos wäre es natürlich schön, wenn seine Stunden im Voraus bekannt sind, damit er erstens ein festes Einkommen einplanen und zweitens seine anderen Aktivitäten durchführen kann. Auch hier lassen sich Optionen unter dem grünen Hut entwickeln, wie beispielsweise eine garantierte Zahl von Unterrichtsstunden, die Frau Wal auf jeden Fall pro Woche bezahlen wird, und dafür steht Pablo Santos an gewissen Tagen zu einer gewissen Stunde zur Verfügung.

Unter den unterschiedlichen Optionen, die hoffentlich zahlreich vorliegen, weil eine erfolgreiche kreative Stimmung zwischen den Verhandlungspartnern aufgekommen ist, müssen nun die verschiedenen möglichen Alternativen ausgewählt werden. Dies kann nur geschehen, wenn sich jeder der Verhandlungspartner überlegt, welche der gefundenen Alternativen für ihn durchführbar ist und seinen Interessen entspricht. Wichtig ist hierbei die schon angesprochene Offenheit, eben auch für Neues, das unter Umständen erst in der Verhandlung entwickelt wurde. Dazu ist insbesondere der gelbe Hut von Bedeutung: Sollen neue Ideen oder Überlegungen eine Überlebens- oder auch Umsetzungschance bekommen, dann muss ihr Nutzen, ihr Wert erkennbar gemacht werden. Wenn dieser erst einmal gemeinsam festgestellt wird, dann kann eine neue Idee nicht so einfach wieder „abgeschossen" werden.

Bezogen auf Verhandlungssituationen heißt dies, dass in der Phase der kreativen Suche nach weiteren Optionen eine kleine Gesprächssequenz mit einigen der sechs Hüte gemacht werden kann:

Blauer Hut: Wonach suchen wir, wofür brauchen wir weitere Optionen oder neue Ideen?

Gefolgt wird dies von einem grünen Hut, unter dem genau zu dem Thema alle möglichen Ideen entwickelt werden. Bewährt hat sich in der Praxis, dass erstens zuerst jeder der Beteiligten individuell unter dem grünen Hut nachdenkt; in einem zweiten Schritt, wenn die Ideen ausgetauscht werden, sollten alle ohne weitere Kommentierung aufgeschrieben werden. Als nächster Hut sollte ein gelber Hut aufgesetzt werden, bei dem man gemeinsam zu jeder einzelnen Idee nach den positiven Aspekten, den Werten und Nutzen sucht. Diese können unterschiedlich ausfallen, je nach Perspektive; gesammelt werden sollten alle gelben Hüte.

Mit dieser relativ einfachen Methode steigern Sie auf jeden Fall die Anzahl der möglichen Ideen und vor allem bekommen Ihre Ideen durch den gelben Hut eine Überlebenschance auch mit Verhandlungspartnern, die sonst eher zu allen möglichen Bedenken neigen.

Ideen bewerten

Nach der Sammlung der Optionen werden in einem getrennten Schritt die Ideen evaluiert.

Nehmen wir als Beispiel eine Situation aus dem möglichen Verhandlungsverlauf zwischen Frau Wal und Pablo Santos: Sie stecken bei der Frage fest, wo der Unterricht stattfinden soll. Beispielsweise ist Frau Wal in ihrer Vorbereitung auf die Verhandlung vielleicht davon ausgegangen, dass sie Einzelunterricht in einem Raum in dem Unternehmen, in dem sie arbeitet, bekommt. In der Verhandlung stellt sich heraus, dass dies für Pablo Santos einen ziemlichen Aufwand bedeutet, da er längere Anfahrtszeiten dafür aufwenden muss. Beide begeben sich in der Verhandlung auf die Suche nach Alternativen zu der Frage des Ortes des Unterrichtes. Sie finden heraus, dass Pablo Santos eine kleine Gruppe von Schülern, die in etwa das Lernniveau von Frau Wal haben, jeden Donnerstag spätnachmittags in einem Raum in der Volkshochschule unterrichtet. Dieser liegt auf halbem Wege zwischen der Arbeitsstelle von Frau Wal und ihrer Wohnung, so dass sie gut an diesem Tag am Gruppenunterricht teilnehmen kann.

Diese Idee, die für Frau Wal bisher nicht in Frage kam, da sie ausschließlich Einzelunterricht bekommen wollte, muss nun bewertet werden. Mit den Sechs Hüten des Denkens könnte eine Bewertung der Idee des Gruppenunterrichts folgendermaßen durchgeführt werden:

Gelber Hut (Vorteile, Werte, Nutzen, positive Aspekte):

- gleiches Lernniveau der Gruppe
- Gruppenunterricht macht mehr Spaß
- entspannteres Lernen
- mehr Konversation, auch mit unterschiedlichen Menschen, nicht nur dem Lehrer, möglich
- Ort liegt praktisch, daher wenig Zeitverluste.

Schwarzer Hut (Gefahren, Schwierigkeiten, Probleme):

- Es geht Frau Wal zu langsam, sie lernt nicht schnell genug Spanisch.
- Sind denn die anderen auch nett, wollen diese vielleicht nur einen netten Abend verbringen oder tatsächlich etwas lernen?

Weißer Hut (welche Informationen hat Frau Wal, welche benötigt sie noch?):

- Wie ist das Lerntempo und was sind das für Mitschüler?
- Was kann ich zusätzlich machen, um möglichst viel Spanisch zu lernen?

Diese Fragen unter dem weißen Hut kann sie von Pablo Santos schnell beantwortet bekommen: Das Lerntempo ist ziemlich hoch, da es sich um eine kleine Gruppe von Schülern handelt, die tatsächlich alle sehr motiviert sind, schnell Spanisch zu lernen. Eigentlich sind sie auch sehr nett, aber vielleicht sollte Frau Wal einfach mal vorbeikommen. Sie könnte ja nach zwei- oder dreimal Probeunterricht entscheiden, ob sie dann weiter am Gruppenunterricht teilnehmen möchte. Und bezogen auf den weißen Hut, was sie denn sonst machen kann, um möglichst schnell Spanisch zu lernen, entwickeln die beiden schnell die Möglichkeit, dass sie zusätzlich Einzelunterricht erhält. Die Frage bleibt nur, welcher Ort dafür geeignet ist. Und so suchen sie gemeinsam nach Ort und Zeit, indem sie ihre feststehenden Termine durchgehen, was wo passen könnte.

Schließlich fragt sich Frau Wal, was „Ihr Bauch“, sprich der rote Hut zu dieser Lösungsfindung sagt und stellt fest, dass sie mit dem Unterricht auf Probe in der Gruppe und dem zusätzlichen Einzelunterricht ganz zufrieden ist.

Daher legen die beiden unter einem abschließenden blauen Hut fest, dass sie so verfahren wollen und in zwei Wochen sehen, ob es so weitergehen soll oder ob Frau Wal nur noch Einzelunterricht bekommt.

Eine gute und erprobte Reihenfolge für die Bewertung von Optionen ist, zusammengefasst, die folgende Hutsequenz:

Blauer Hut: Was ist das Thema, oder: Welche Idee wird genauer angeschaut?

Gelber Hut: Was sind die Vorteile, die Werte und Nutzen dieser Idee?

Schwarzer Hut: Wo liegen die Schwierigkeiten und Probleme?

Eventuell gefolgt von einem grünen Hut: Wie können diese Schwierigkeiten und Probleme überwunden werden, d. h. welche Alternativen oder anderen Optionen kann es geben?

Weißer Hut: Welche Informationen zu dem Thema, der Idee brauchen wir noch und woher kann man diese beziehen?

Roter Hut: Was sagt das Gefühl dazu?

Blauer Hut: Zu welcher Entscheidung kommen wir, was sind die nächsten Schritte?

Blockaden überwinden

Traditionell erschöpfen sich Verhandlungen schnell in Kämpfen um Positionen. Diese werden leicht zu der Frage danach, wer setzt sich hier mit seinen Positionen durch. Auch aus anderen Kommunikationssituationen ist diese „Kunst der Kommunikation“ durchaus bekannt. Graphisch dargestellt sieht das folgendermaßen aus:

Abb. 4: Kontroverses Denken führt zu Blockaden

Einem Beitrag A wird ein Beitrag B entgegengesetzt und man übertrifft sich leicht in den besseren Argumenten für seinen eigenen Standpunkt. In der bereits erwähnten Untersuchung über die Unterschiede zwischen normalen und erfolgreichen Verhandlern wurde nachgewiesen, dass Häufigkeit von Gegenvorschlägen pro Stunde Verhandlungssituation durchaus unterschiedlich ist: Während beim normal erfolgreichen Verhandler 3,1-mal auf einen Vorschlag ein Gegenvorschlag kommt, liegt die gleiche Zahl beim überdurchschnittlich erfolgreichen Verhandler lediglich bei 1,7 (*Harris, Moran*, S. 48). Gemeinsam mit dem Verhandlungspartner auch bei der Suche nach Lösungsmöglichkeiten denken, ist für den Verhandlungserfolg wesentlich zielführender, als eine Salve guter Gegenvorschläge auf den anderen niederprasseln zu lassen. Auch dazu können die sechs Hüte genutzt werden, denn sie ermöglichen beiden, unter jeweils einem Hut (bei der Ideenentwicklung wäre das der grüne Hut) parallel gemeinsam zu denken und nach Lösungen zu suchen.

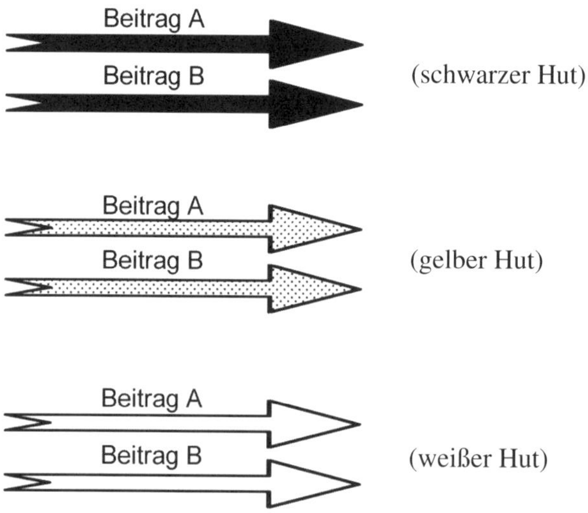

Abb. 5: Paralleles Denken unter den Hüten

Merksatz 6:
Versuchen Sie gemeinsam mit Ihrem Verhandlungspartner, aus einem kontroversen, auf Positionen beharrendem Denken in ein paralleles Denken zu gelangen, bei dem Sie zusammen bestimmte Aspekte beleuchten.

Zwischenergebnisse festhalten

Manche Verhandlungen haben eine hohe Komplexität und zu verschiedenen Themenbereichen müssen Optionen entwickelt und dann tatsächlich über Alternativen entschieden werden. Bevor alles in einen Topf geworfen wird und die Verhandlungspartner den Überblick verlieren, sollten Zwischenergebnisse festgehalten und eventuell bereits entschieden werden. Es ist durchaus sinnvoll, dabei auf die weniger strittigen Punkte zuerst einzugehen und dazu Lösungen zu verabschieden – das entspannt für beide Verhandlungspartner das Klima und sie machen die Erfahrung, voranzukommen.

Merksatz 7:
Behalten Sie den Überblick, fassen Sie Zwischenergebnisse zusammen, zeigen Sie aber durchaus Mut zur Komplexität.

3. Unabhängige Kriterien

Um eine effiziente Verhandlung durchzuführen, muss am Ende auch ein Ergebnis stehen, das den Verhandlungspartnern die Gewissheit gibt, ihre Interessen befriedigt und ein Ergebnis erreicht zu haben, das sich „sehen" lassen kann. Dazu ist die Frage zu stellen, welche externen Kriterien in der Verhandlung verwendet werden können, also Kriterien, die unabhängig von den Verhandlungspartnern sind. Oder wie überzeugen Sie Ihren Verhandlungspartner, dass Ihr Angebot fair ist und durchaus einem Marktpreis entspricht? Um beispielsweise den Preis für den Spanischunterricht zu verhandeln, können Vergleichsgrößen herangezogen werden. Was verlangen andere Sprachlehrer mit derselben Qualifikation und Erfahrung für dieselbe Leistung? Mit diesem Kriterium kann die Preisvorstellung verankert werden. Sie wird dadurch nicht beliebig, sondern ist begründet.

Eine wesentliche Voraussetzung für den Einsatz von Kriterien ist ihre Anerkennung durch die Verhandlungspartner. In einer bestimmten Phase der Verhandlung kann der Verhandlungsgegenstand sein, welches unabhängige Kriterium gelten soll. Beispielsweise kann für einen Hauskauf das Kriterium ein Wertgutachten sein oder auch Vergleichspreise. Sich auf einen gemeinsamen Gutachter zu einigen, erfordert in dem einen oder anderen Fall durchaus Verhandlungsgeschick. Manches Mal kann auch ein zweites Gutachten angefordert werden.

Die Heranziehung üblicher Standards, die eben begründet sind, kann zur Überzeugung durchaus hilfreich sein. Sich intensiv darüber Gedanken zu machen, welche Standards oder Kriterien der Verhandlungspartner akzeptieren könnte, wird den Verhandlungsverlauf positiv beeinflussen.

Letztendlich dienen Kriterien auch zur Erklärung des erzielten Verhandlungsergebnisses gegenüber Dritten. Der Teppichkauf auf dem Basar lässt sich so besser den Mitreisenden erklären, als wenn keinerlei Kriterien vorlagen und man nur mit einem Kompromiss ins Hotel zurückkehrt, der sich zwischen den Preisvorstellungen von Händler und Käufer bewegt. Ein guter Verkäufer liefert diese unabhängigen Kriterien, um den Käufer zu überzeugen, oder fragt den Verhandlungspartner nach dessen Kriterien.

4. Umgang mit Forderungen

Um Interessen befriedigen zu können, müssen Forderungen formuliert und vertreten werden. Der Bedarf, in Verhandlung mit jemandem zu gehen, entsteht erst dann, wenn eine Person etwas von einer anderen Person braucht oder möchte, das diese nicht unbedingt bereit ist, zu geben. Die Frage stellt sich danach, wie Verhandler mit Forderungen umgehen.

Effiziente Verhandler, die mit Forderungen konfrontiert werden, nehmen diese als Chance, um herauszufinden, welche Interessen hinter den Forderungen stehen. Dazu eignen sich die offenen Fragen und insbesondere die Frage nach dem Warum. Wenn der Verhandlungspartner Forderungen stellt, und mögen sie noch so abwegig sein, dann stehen dahinter immer Interessen, die herausgefunden werden sollten. Ein altgedienter Mitarbeiter verlangt eine massive Erhöhung seines Gehaltes, weit über den üblichen Tarifen. Nun kann die verantwortliche Führungskraft die Forderung an den objektiven Kriterien messen, zu dem Ergebnis kommen, es ist nicht möglich und dies dem Mitarbeiter kundtun. Damit ist zwar ein Ergebnis erzielt, die Interessen des Mitarbeiters, die hinter seinen Forderungen stehen, bleiben aber unbeleuchtet und ihm ist damit wenig geholfen. Vielleicht benötigt er kurzfristig Geld, um seinem Sohn, der wegen vermeintlicher Drogendelikte in Thailand festgenommen wurde, einen guten Anwalt zu besorgen und die Flüge dorthin für sich selbst und die Mutter zu zahlen. Hier stellen sensible und auf eine gute Beziehungsebene achtende Warum-Fragen die Möglichkeit dar, die Interessen hinter der blanken Forderung herauszufinden (siehe auch S. 68). Schnell lassen sich dann andere Optionen entwickeln und Lösungen finden, wie beispielsweise einen günstigen Firmen- oder Privatkredit, den die Führungskraft vermittelt, die Hilfe bei der Suche nach einem geeigneten Anwalt, etc.

▶ Forderungen entwickeln und stellen

Nicht allen Menschen liegt es, Forderungen zu stellen. Viele können für andere fordern, nicht aber für sich selbst. Um Forderungen in die Verhandlungen einbringen zu können, muss der Verhandler wissen, was er für sich will und was nicht. Er muss die Forderungen für sich entwickeln, das heißt, eine Verhandlung mit sich selbst vor der Verhandlung mit dem anderen führen. Was ist für Sie wichtig, auf jeden Fall zu erhalten, zum Beispiel bei Gehaltsverhandlungen (Minimalforderung), und was hätten Sie am liebsten (Maximalforderung)? In der Vorbereitung sollten Sie sich damit auseinandersetzen, welche Chance Sie Ihren Forderungen geben, für wie durchsetzbar Sie sie halten und welche Konsequenzen das Nichterfüllen Ihrer Forderungen hat. Sie müssen hinter Ihren Forderungen stehen und nicht bei dem ersten Widerstand gleich einknicken.

Zum Forderungstellen gehört auch, die möglichen inhaltlichen und emotionalen Reaktionen Ihres Verhandlungspartners und Ihre eigenen zu bedenken. Wie wird Ihr Verhandlungspartner sich möglicherweise verhalten, wenn er Ihre Forderung hört oder wie verhalten Sie sich zum Beispiel bei einer strikten Ablehnung? Rennen Sie empört aus dem Raum oder versuchen Sie, die Gründe für die Ablehnung herauszufinden?

Egal ob es Ihnen leicht oder schwer fällt, Forderungen zu stellen, es ist auf jeden Fall sinnvoll, die Vorgehensweise, wie Forderungen gestellt werden, im Detail zu planen und gegebenenfalls zum Beispiel in einem Coaching zu üben.

▶ Forderungen vertreten

Nachdem die Forderungen genannt und begründet sind, ist eine Stellungnahme Ihres Verhandlungspartners wichtig. Lassen Sie es nicht zu, zu einem anderen Thema zu wechseln, ohne dass Ihre Forderungen besprochen wurden. Verhindern Sie, dass die Forderungen in Vergessenheit geraten. Insistieren Sie, ohne zu ärgern.

Ist die Forderung nicht durchsetzbar, aber für Sie unbedingt notwendig, bleibt Ihnen nur noch der Rückzug oder gar der Abbruch der Verhandlung. Vermeiden Sie, Forderungen zu stellen, und diese dann nicht bestimmt zu vertreten. Ihre Glaubwürdigkeit als Verhandlungspartner steht dabei auf dem Spiel, denn der Eindruck kann entstehen, dass Sie versuchen, mehr (nicht nur Geld, auch Anerkennung, Verantwortung etc.) zu bekommen, sich aber auch zufrieden geben, wenn Sie das nicht bekommen. Ihre nächste Forderung wird dann entsprechend gleich beiseite gelassen.

Merksatz 8:
Forderungen stellen beinhaltet: Forderungen entwickeln, die Vorgehensweise planen, die Forderungen stellen und sie auch vertreten.

5. Abschluss und Verpflichtung

Mit dem Abschluss einer Verhandlung gehen die Verhandlungspartner Verpflichtungen ein – wenigstens wenn sie ein Ergebnis oder vielleicht auch nur ein Teilergebnis erzielt haben. Wichtig ist dabei, genau festzuhalten und ein gemeinsames Verständnis darüber zu gewinnen, was die Vereinbarung im Detail ausmacht. Auch eventuelle Teilergebnisse sollten zu diesem Zeitpunkt genau so behandelt werden, um bei einer Fortsetzung der Verhandlung bereits etwas vorliegen zu haben.

Die Verpflichtungen, die mit dem Verhandlungsergebnis eingegangen werden, sollten jedem Verhandlungspartner bewusst und sie sollten erfüllbar sein. Unter Umständen sind die Schritte, die zur Umsetzung der erzielten Vereinbarung notwendig sind, einzeln aufzuführen, und beide müssen sich dazu erklären und sich daran halten.

In jedem Fall sollte ein Feedback über die Verhandlung erfolgen – auch bei gescheiterten Verhandlungen. Die meisten Verhandlungen sind, wie bereits erwähnt, keine *one-shot-negotiations*, sondern die Verhandlungspartner haben meist häufiger miteinander zu tun. Um für eine nächste Verhandlung mit dem gleichen Partner entsprechende Lernerfahrungen, beiderseitig, zu ziehen, empfiehlt sich eine gemeinsame Rückschau auf den Prozess und das Ergebnis der Verhandlung. Dabei sollten Fragen nach den drei Ebenen: Sachebene, Beziehungsebene und Verfahrensebene, gemeinsam untersucht werden. Sinnvoll ist es immer, mit den positiven Aspekten, Werten und Nutzen (gelber Hut) zu beginnen, dann die Schwierigkeiten, denen man begegnet ist, zu formulieren (schwarzer Hut) und sich in einem letzten Schritt darüber zu verständigen, was man nächstes Mal anders machen könnte (grüner Hut).

Auch wenn Sie es aus verschiedenen Gründen vorziehen, kein gemeinsames Feedback über die Verhandlung zu organisieren, sollten Sie sich zumindest selbst fragen, was die Verhandlung vorangebracht und was sie behindert hat. Die bereits erwähnte Studie zeigt deutlich, dass sich zwei Drittel der erfolgreichen Verhandler nach jeder Verhandlung einige Zeit nehmen, die Verhandlung einer kritischen Würdigung zu unterziehen und sich zu fragen, was sie gelernt haben. Bei den weniger erfolgreichen Verhandlern tut dies nur weniger als die Hälfte der Befragten (*Harris, Moran,* S. 49).

Merksatz 9:
Jede Verhandlung sollte zwei Endpunkte haben:
Abschluss mit Verpflichtungen oder Abbruch;
Feedback gemeinsam oder Rückblick auf Verhandlung alleine.

VI. Kommunikation in Verhandlungen

Verhandlungen sind Kommunikationssituationen. Mindestens zwei Personen treten über einen Gegenstand in Verhandlung, außer wir verhandeln mit uns selbst. Zwar kommunizieren wir täglich, aber wie durch die große Menge an Ratgebern und Büchern, auch in der Reihe Führungspsychologie, deutlich wird, weder grundsätzlich mit Erfolg noch besonders effizient und elegant.

Verhandlungen scheitern im schlimmsten Fall an der Unfähigkeit, überhaupt mit dem Verhandlungspartner in eine Kommunikation zu treten, wie *Watzlawick* in seiner amüsant-traurigen Geschichte über die (gescheiterte) Verhandlung zwecks Ausleihe eines Hammers zeigt: „Ein Mann will ein Bild aufhängen. Den Nagel hat er, nicht aber den Hammer. Der Nachbar hat einen. Also beschließt unser Mann, hinüberzugehen und ihn auszuborgen. Doch da kommt ihm ein Zweifel: Was, wenn der Nachbar mir den Hammer nicht leihen will? Gestern schon grüßte er mich nur so flüchtig. Vielleicht war er in Eile. Aber vielleicht war die Eile nur vorgeschützt, und er hat etwas gegen mich. Und was? Ich habe ihm nichts angetan; der bildet sich da etwas ein. Wenn jemand von mir ein Werkzeug borgen wollte, *ich* gäbe es ihm sofort. Und warum er nicht? Wie kann man einem Mitmenschen einen so einfachen Gefallen abschlagen? Leute wie dieser Kerl vergiften einem das Leben. Und dann bildet er sich noch ein, ich sei auf ihn angewiesen. Bloß weil er einen Hammer hat. Jetzt reicht's mir wirklich. – Und so stürmt er hinüber, läutet, der Nachbar öffnet, doch noch bevor er guten Tag sagen kann, schreit ihn unser Mann an: ‚Behalten Sie Ihren Hammer, Sie Rüpel!'" (*Watzlawick* 1997, S. 37 f.).

Uns sind keine Zahlen bekannt, in wie vielen Fällen Verhandlungen überhaupt nicht zustande kommen, weil der eine Verhandlungspartner sich einbildet, der andere sei überhaupt nicht verhandlungsbereit. Aber wahrscheinlich gibt es jede Menge Fälle, in denen Situationen geradezu nach Verhandlung rufen, um sie erträglicher oder ausgeglichener oder befriedigender für beide Seiten zu gestalten, ohne das dies geschieht, da gedanklich von einer *Win-Lose*-Situation ausgegangen wird: Der Nachbar könnte ja nein sagen, und dann bin ich der Verlierer. Um diese Situation zu verhindern, wird dann lieber gar nicht erst verhandelt.

Diese Situation liegt, wie bereits an anderer Stelle erwähnt, zum einen an der eingeschränkten, aber durchaus verbreiteten Ansicht, Verhandlungen haben etwas mit Sieger-Verlierer-Situationen zu tun; zum anderen mangelt es aber auch an der Übung mit Kommunikation und an Techniken, schwierige Kommunikationssituationen zu meistern.

1. Bestimmt in der Sache – sanft in der Beziehung

Wie bereits im Kapitel *Von den Positionen zu den Interessen* ausgeführt, gibt es bei den verschiedenen Ebenen der Interessen neben der Verfahrensebene auch die Beziehungs- und die Sachebene. In der Kommunikationstheorie wird zur Analyse von Kommunikationssituationen in die Beziehungs- und die Inhaltsebene getrennt. Jede Äußerung ist immer eine Sachäußerung, die aber zur gleichen Zeit auch immer eine Äußerung über die Beziehung, in der die Kommunikationspartner stehen, darstellt. Um erfolgreich zu verhandeln, sollte in jeder Phase der Verhandlung dem Grundsatz gefolgt werden, zwar bestimmt in der Sache, jedoch sanft in der Beziehung zu sein. Äußerungen, die als persönliche Abwertung des Verhandlungspartners verstanden werden können, werden zu entsprechenden Reaktionen seinerseits führen und eine Kommunikation erschweren.

2. Verständnis sicherstellen

So hilfreich diese Unterscheidung zwischen Sach- und Beziehungsebene ist, so weit ist sie andererseits davon entfernt, im Sinne eines hundertprozentig treffsicheren Instrumentes zur Analyse einer Gesprächssituation, in der man selbst Beteiligter ist, zu wirken. Kommunikation findet immer in einem Kontext statt, und nicht alles, was so gemeint wurde, wird so gesendet, und nicht alles, was gesendet wurde, wird auch so wie gemeint verstanden. Missverständnisse sind in der Kommunikation vorprogrammiert. Kommunikation ist ein zirkuläres System, in dem eine Äußerung, in den Worten von *Schulz von Thun,* zu einer sogenannten Innerung beim Empfänger führt; diese „Innerungen“ hängen von dessen eigenen Erfahrungen, Wünschen, Befürchtungen etc. ab. Sie sind die eigenen Interpretationen dessen, was man gehört hat. Daraus folgt dann eine Reaktion oder Äußerung, die bei dem Gesprächspartner wiederum eine „Innerung“ hervorruft, mit der entsprechenden Reaktion als Äußerung. Besonders bei Missverständnissen auf der Beziehungsebene können sich so schnell unfruchtbare Kommunikationssituationen ergeben, wo ein Wort das andere ergibt.

Wenn der Mitarbeiter der Reklamationsabteilung zu seinem Chef sagt: „Mir wächst diese Arbeit mit den unzufriedenen und manchmal wirklich aggressiven Kunden, die sich über die fehlerhaften Produkte beschweren, allmählich über den Kopf!“, dann könnte das beim Chef zu folgender Innerung führen: „Der schafft seine Arbeit nicht mehr und vergrätzt uns womöglich auch noch unsere Kunden, wenn er überfordert ist.“ Dementsprechend wird er sich verhalten und eine Äußerung wie etwa: „Also, wenn Sie sich mit dieser Arbeit überfordert fühlen ..., Sie wissen ja, wir haben von der Geschäftsleitung den Auftrag, Kundenreklamationen als Chance zu begreifen.“ loswerden.

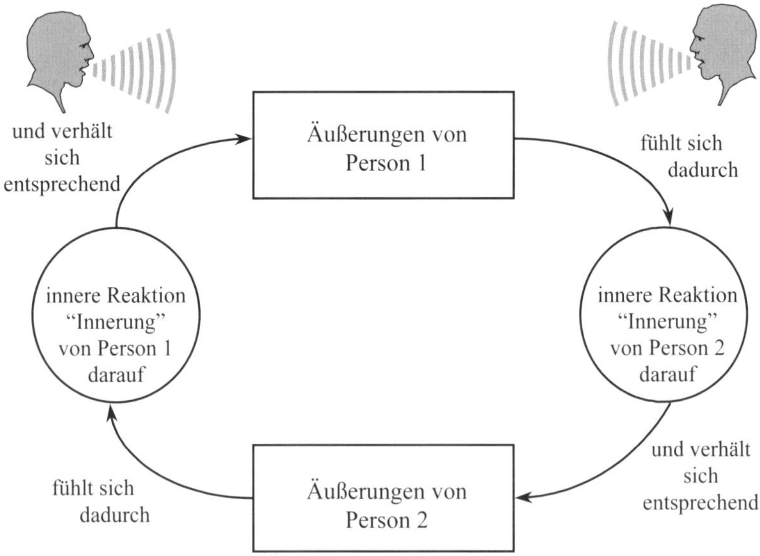

Abb. 6: Äußerungen – Innerungen (Quelle: nach Schulz von Thun: Miteinander reden 2)

Person 1, der Mitarbeiter, fühlt sich mit seiner Botschaft missverstanden und mit seinem Problem weiterhin alleine gelassen. Schulterzuckend und missmutig wird er seiner Arbeit weiter nachgehen, unzufrieden mit der Unfähigkeit seines Chefs, seine Bedürfnisse zu erkennen. Da bei ihm die Äußerung des Chefs auch noch die Innerung der Drohung hervorruft, wird er sich bei seiner Arbeit noch mehr überfordert fühlen und dementsprechend bald real überfordert sein, was eine neue Runde des Teufelskreises einläutet.

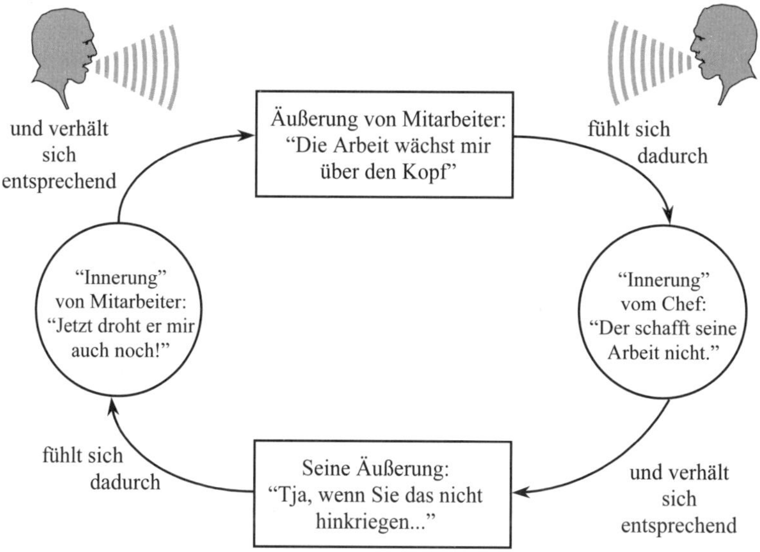

Abb. 7: Äußerungen – Innerungen: Beispiel

Beim nächsten Mal wird aus der ungehörten Botschaft eine unter Umständen „un-erhörte“ Verhaltensweise: Die Reklamation eines Kunden wird harsch abgebügelt.

Zuhören

Gott gab uns nur einen Mund,
aber zwei Ohren,
damit wir doppelt soviel zuhören können,
als wir reden sollten.
Goethe

Um Missverständnisse, vor allem zwischen der Inhalts- und Beziehungsebene, zu vermeiden, bieten sich genaues Zuhören und Verständnis, sicherstellen durch Fragen und Nachfragen, an. In einer Studie, die in den USA durchgeführt wurde, ist das eklatante Missverhältnis in der schulischen und universitären Ausbildung bezogen auf die Mühe, die auf das Erlernen von Kommunikationsverhalten aufgewendet wird, deutlich geworden:

Tab. 3: Kommunikationsverhalten

	Hören	**Sprechen**	**Lesen**	**Schreiben**
Gelernt	als erstes	als zweites	als drittes	als viertes
Genutzt	am meisten (45%)	an zweiter Stelle (30%)	an dritter Stelle (16%)	als geringstes genutzt (9%)
im Unterricht Mühe darauf verwendet	am wenigsten	an dritter Stelle	an zweiter Stelle	an ersten Stelle

(Quelle: Harris/Moran, S. 25)

Während wir zwar mit dem Hören als erstem Kommunikationsmodus, nachdem wir auf die Welt gekommen sind, konfrontiert werden, dies auch im Laufe unseres Lebens am meisten nutzen müssen, so wird doch am wenigsten darauf Wert gelegt, genau diese Fähigkeiten auszubilden und zu trainieren. Nicht umsonst erfreut sich im Training von Führungskräften der Bereich des Kommunikationstrainings weiter einer ungebrochenen Beliebtheit und wird auch in der universitären Ausbildung verstärkt trainiert.

Es gibt verschiedene Modi des Zuhörens: das *passive,* das *aufmerksame,* das *einladende* und schließlich das *aktive Zuhören.* Die letzten drei Zuhör-Modi sind diejenigen, die jede Kommunikation und damit auch jede Verhandlung fruchtbarer und befriedigender für beide Seiten gestalten.

Bevor einige Regeln für das gute Zuhören geschildert werden, sollte ein Blick darauf gerichtet werden, was Zuhören in Verhandlungssituationen (und auch anderen) besonders erschwert:

- Störfaktoren wie plötzliche Unterbrechungen, z. B. ein (Mobil-)Telefon oder hereinplatzende andere Personen, aber auch Geräusche oder schlechte Luft.
- Verhandlungen dauern zu lange, es werden keine Pausen gemacht.
- Voreilige Überzeugung, ein Argument oder eine Option oder Idee bereits zu kennen.
- Sich damit beschäftigen, was man gleich erwidern wird.
- Angst, selbst nicht genügend zu Wort zu kommen.
- Wunsch, sich selbst durch Reden zu profilieren.
- Antipathien und Vorurteile gegen den Verhandlungspartner.
- Ungeduld und Nervosität.

Auf fast alle diese Hindernisse für ein gutes Zuhören hat man selbst als Verhandlungspartner Einfluss und sollte diesen auch im eigenen Verhalten geltend machen.

Gute Zuhörer zeichnen sich durch folgende Eigenschaften aus:

- Sie reduzieren den eigenen Redeanteil und erhöhen das Zuhören.
- Sie zeigen ihrem Gesprächspartner, dass sie mindestens aufmerksam zuhören.
- Sie sind in Kontakt mit Ihrem Gesprächspartner, indem sie ihm ihre ungeteilte Aufmerksamkeit entgegenbringen.
- Äußere Störfaktoren werden auf ein Minimum reduziert.
- Sie drängen ihren Gesprächspartner nicht in die Defensive.
- Sie versuchen, neue Anregungen oder Optionen in seinen Ausführungen zu sehen.
- Sie stellen Verständnis- und Zusatzfragen.
- Sie prüfen vor allem auch, ob sie alles richtig verstanden haben, in dem sie wiedergeben, was sie verstanden haben (Technik des Spiegelns).
- Sie bauen bei längeren Verhandlungen Wiederholungen und Zwischenzusammenfassungen ein.
- Sie achten auf ihre eigene und die Körpersprache wie Gestik, Mimik etc. ihres Verhandlungspartners.

Fragen stellen

So alt die Erkenntnis ist, *Wer fragt, der führt*, so richtig ist sie in einer Kommunikations- und Verhandlungssituation. Fragen Sie nach den Interessen Ihres Verhandlungspartners, denn Fragen leiten nicht nur, sondern sie zeigen auch, dass Sie an dem Verhandlungspartner als Person (Beziehungsebene) und an dem Verhandlungsgegenstand (Sachebene) Interesse haben. Alle Fragen, und hier besonders die sog. *offenen* Fragen, sind dafür geeignet: *Offene* Fragen sind solche, auf die Ihr Verhandlungspartner nicht mit *Ja* oder *Nein* antworten kann, sondern bei denen eine ausführlichere Antwort nötig ist. Sie werden in der Regel mit den *6-W-Fragewörtern* eingeleitet: *Wie? Was? Wer? Wann? Wo?* und *Warum?*

Ein Wort noch zu den *Warum*-Fragen: Warum-Fragen werden immer wieder als nicht angemessen abgelehnt, da sie den Verhandlungspartner in Rechtfertigungszwänge setzen und Druck ausüben sollen, zum Beispiel: Warum wollen Sie eine Gehaltserhöhung? Obwohl dies in wenigen Fällen geschehen mag, sind *Warum*-Fragen meist im Gegenteil sehr gut geeignet, um an die unteren Schichten des Eisberges zu gelangen und ein besseres Verständnis für die Interessen des Verhandlungspartners zu bekommen.

Ebenso können *Warum nicht*-Fragen durchaus hilfreich in einer Verhandlung sein. Gerade in der Phase der Entwicklung von Optionen können solche Fragen, die mit *Warum nicht* eingeleitet werden, den Verhandlungspartner auf Möglichkeiten aufmerksam machen, an die er vorher nicht gedacht hatte.

3. Kommunikation kontrollieren – Einfluss behalten

Um unfruchtbare Kommunikationssituationen zu vermeiden, haben Sie einerseits die Möglichkeit, durch ein aktives Zuhören ein genaueres Verständnis des Gemeinten sicherzustellen. Sie als Sender einer Nachricht haben jedoch wenig Möglichkeiten, die bei dem Empfänger Ihrer Nachricht ausgelösten „Innerungen“ zu kontrollieren. Diese, Ihrer direkten Einflussnahme entzogenen „Innerungen“ führen bei Ihrem Gesprächspartner zu Äußerungen, die ebenfalls außerhalb Ihrer Kontrolle liegen. Wenn Sie auch genau über diesen Teil des Kommunikationsprozesses keinerlei direkte Kontrolle ausüben können, so haben Sie es doch in Ihrer Hand, wie Sie mit den Äußerungen Ihres Verhandlungspartners umgehen. Sie können, im schlimmsten Fall, direkt darauf „anspringen" und ihre eigenen „Innerungen", die meist sehr schnell und spontan entstehen, sofort in Äußerungen umwandeln, die vielleicht unbedacht sind und damit einen nicht wünschenswerten Kreislauf der Kommunikation auslösen. Oder Sie versuchen, die Kommunikation zu kontrollieren und im Sinne einer effizienten Verhandlung zu steuern.

Der innere Balkon oder: Über den Dingen stehen – Kommunikation verlangsamen

Dazu gehören verschiedene Methoden, die zum Teil unter dem von *William Ury* geprägten Begriff „auf den inneren" oder „auf den mentalen Balkon treten" gehören und von uns *Kommunikation verlangsamen* genannt werden (*Ury*, S. 31 ff):

Erkennen Sie sich selbst und damit Ihre „Innerungen"
Je besser Sie sich selbst und vor allem Ihre „Innerungen" auf bestimmte Äußerungen kennen, desto besser sind Sie gefeit davor, mit unbedachten Äußerungen die Kommunikation zu beschleunigen, sodass „ein Wort das andere ergibt" und die Emotionen beginnen, das Geschehen zu bestimmen. Machen Sie sich zu jeder Zeit klar, was Ihre Ziele sind, und versuchen Sie auch, Äußerungen, die Sie auf der Beziehungsebene „erwischen", also persönlich angreifen und zu einer spontanen Reaktion verleiten mögen, auf die Sachebene zu bringen.

Reagieren Sie nicht spontan und entscheiden Sie nicht unter Druck
Manche Verhandlungspartner nutzen als Verhandlungstrick die Beschleunigung der Verhandlung, um Sie zu einer schnellen Einigung zu bewegen: „Wenn Sie jetzt einschlagen, dann ist der Deal gemacht!" Entscheiden Sie für sich, den Druck herauszunehmen, bitten Sie gegebenenfalls um eine Verhandlungspause und gleichen Sie das Angebot mit Ihren Interessen ab.

Wiederholen Sie, was gesagt wurde
Um Kommunikation zu verlangsamen, aber damit auch immer wieder ein gemeinsames Verständnis sicherzustellen, wiederholen Sie, was

Sie verstanden haben, möglichst ohne verfälschende Interpretation und möglichst auch auf der Sachebene. Sie geben damit, wie beim Zuhören und Fragen stellen, Ihrem Verhandlungspartner die Gelegenheit zu erfahren, ob seine Botschaft bei Ihnen angekommen ist und, falls nicht, diese noch einmal deutlicher und klarer zu formulieren.

Benennen, was geschieht
Gerade so genannte „unlautere Verhandlungstaktiken", sogenannte „dirty tricks" wie unter Druck setzen, den Verhandlungspartner als Gegner begreifen und erst mal klein machen, den angebotenen Verhandlungsgegenstand niedermachen, etc. (siehe dazu Unterkapitel *Verbreitete Ansichten)*, verlieren ihre Magie und Wirkung meist sehr schnell, wenn sie benannt werden. Benennen Sie die Taktiken, die Ihnen bei Ihrem Verhandlungspartner auffallen. Verdeutlichen Sie, worin Ihre Interessen liegen – auf der Sachebene, der Beziehungsebene und der Verfahrensebene: „Mir scheint, Sie wollen unbedingt den Preis drücken und benutzen dazu auch das Argument, ich hätte letztes Mal schlechte Arbeit abgeliefert. Mir liegt daran, so miteinander zu reden, dass wir zu einem für beide befriedigenden Ergebnis für uns gelangen." Hiermit benennen Sie Ihre Sach- und Beziehungsinteressen, ohne die Person anzugreifen. Dies ist allemal besser als in einen Teufelskreis der Kommunikation hinein zu geraten, indem Sie sich von Ihren spontanen „Innerungen" zu Äußerungen verleiten lassen.

Mit diesen Methoden verlangsamen Sie den Kommunikationsprozess. Sie bekommen zumindest eine indirekte Einflussnahme auf die „Innerungen" und Äußerungen Ihres Verhandlungspartners, drücken Interesse aus und fördern das gegenseitige Verstehen. Effizientes Verhandeln durch eine erfolgreiche Kommunikation wird damit möglich.

Merksatz 10:
Zur Kommunikation gehören immer zwei Personen. Jeder hat seinen eigenen Einfluss darauf, wie er reagiert. Kennen Sie sich selbst und damit Ihre „Innerungen".

4. Wenn Schwierigkeiten auftreten

Abgesehen von sachlichen Gründen, die eine Verhandlung nicht erfolgreich beenden lassen, liegen auftretende Schwierigkeiten fast immer an der Kommunikation zwischen den Verhandlungspartnern. Häufig wird dabei die Sach- und die Beziehungsebene durcheinandergeworfen, und ein Verhandlungspartner fühlt sich – ob zu Recht oder zu Unrecht bleibt dahingestellt – auf der Beziehungsebene angegriffen. Der Gegenangriff nach dem Reiz-Reaktionsschema folgt, aber er hilft in solchen Situationen überhaupt nicht weiter. Jeder Verhandlungspartner verfolgt bestimmte Interessen und Ziele. Falls sich die Ziele in der Verhandlung plötzlich dahingehend entwickeln, den anderen in irgend einer Weise zu verletzen oder ihm etwas zu sagen, was Sie ihm schon immer mal sagen wollten, dann haben Sie ein anderes Thema als eine Verhandlung. Dieses sollte dann vordringlich behandelt werden.

VII. Verhandlungen zwischen mehreren Parteien

Bisher sind effiziente Verhandlungen zwischen zwei Personen geschildert worden. Es kommt jedoch auch häufiger vor, dass Verhandlungen zwischen mehreren Parteien stattfinden. Prinzipiell gelten für diese Arten von Verhandlungen die gleichen grundlegenden Überlegungen wie auf den vorherigen Seiten diskutiert. Auf einige Punkte, die bei solchen Verhandlungen besonders zu beachten sind, soll im Folgenden hingewiesen werden.

1. Mehrere Parteien – unterschiedliche Interessen

In Verhandlungen zwischen mehreren Parteien sind die Interessen nicht unbedingt gleich geartet. Dies gilt auch, wenn vermeintlich die „eine" Gruppe der „anderen" Gruppe gegenübersteht. Soll beispielsweise ein Flughafen um eine weitere Start- und Landebahn erweitert werden, dann werden die streitenden Gruppen schnell in Befürworter und Gegner eingeteilt. Häufig stellt sich dann jedoch später in den Verhandlungen heraus, dass in jeder „Gruppe" durchaus unterschiedliche Interessen vorhanden sind.

Beispielsweise befindet sich in der Gruppe der Befürworter vielleicht die Landesregierung, die Flughafen-Betreiber-Gesellschaft, die Gewerkschaften oder Teile davon, die IHK und die führende nationale Fluggesellschaft sowie die Interessensvertretung anderer Fluggesellschaften. Sie alle vertreten zwar die Position „Flughafenausbau"; hinter dieser Position verstecken sich allerdings ganz unterschiedliche Interessen, die es zu berücksichtigen gilt, um die aber auch ganz gezielt verhandelt werden kann. Die Landesregierung möchte vielleicht etwas für ihre Reputation, den Standort, aber auch für die Arbeitsplätze und natürlich für die Steuereinnahmen tun. Die Flughafen-Betreiber-Gesellschaft erwartet höhere Einnahmen durch ein gesteigertes Flugverkehrsaufkommen und kann damit ihre Aktionäre zufrieden stellen und weiter expandieren. Der Gewerkschaft kommt es vielleicht vordringlich darauf an, weitere Arbeitsplätze zu schaffen. Die anderen Befürworter stellen abweichende, darüber hinausgehende Interessen in den Vordergrund.

Nicht anders sieht es bei der „Gruppe“ der Flughafen-Ausbaugegner aus: Von ökologisch orientierten Gegnern über vom Lärm betroffene Anwohner bis hin zum Pastor, über dessen Kirche die An- und Abflugroute der neuen Startbahn führen wird, werden diese Gruppen zwar durch die Position „Gegner Flughafenausbau“ geeint. Jedoch wird auch hier jede einzelne Untergruppe hinter ihrer vermeintlich gemeinsamen Position unterschiedliche Interessen besitzen. Dem Pastor wäre es vielleicht recht mit dem Ausbau, wenn er eine neue Kirche an einem anderen Standort finanziert bekäme; einzelne Anwohner könnten sich u.U. mit dem Ausbau einverstanden erklären, wenn man ihnen zu einem guten Preis ihr Land und Haus abkaufen würde, während andere auf jeden Fall dort wohnen bleiben möchten und keinem vermehrten Fluglärm ausgesetzt sein wollen.

2. Verhandlungssprecher

Bei dieser Gemengelage an verschiedenen Positionen und auch Interessen stellt sich die Frage, ob eine effiziente Verhandlungsführung möglich ist, wenn mit allen Gruppen gleichzeitig verhandelt wird. Meist ist dies in solchen komplexen Fällen nur möglich, wenn Verhandlungssprecher für die einzelnen Gruppen festgelegt werden. Aus zwei Gründen erscheint uns dies sinnvoll:

1. Ein Verhandlungssprecher oder -führer hat die Aufgabe, die Interessen seiner Gruppe möglichst gebündelt zu vertreten. Im Sinne einer ressourcenschonenden Verhandlungsführung ist dies sehr wünschenswert – ansonsten kann leicht eine Überforderung aller Beteiligten und ein hoher Zeitverbrauch eintreten.

2. Der Gefahr, dass einzelnen Unterinteressen Zugeständnisse gemacht werden seitens des Verhandlungspartners und damit die Gruppe gespalten wird und sich sogar untereinander überwirft, kann mit einem Verhandlungssprecher wirksamer begegnet werden. Dazu bedarf es allerdings eines Mandats und vor allem einer vorherigen Absprache der Gruppe, welche Positionen und Interessen wie gewertet werden. In solchen Mehrparteienverhandlungen gilt noch mehr als in den vorher beschriebenen Verhandlungssituationen, dass eine gute Vorbereitung unbedingt nötig ist.

Die Frage stellt sich, wen die Gruppe – sei es die, um in dem Beispiel zu bleiben, der Gegner oder der Befürworter – als ihren und den „richtigen“ Verhandlungssprecher in diesem Fall auswählen sollte. Einige fachliche wie persönliche Qualifikationen sollen hier diskutiert werden:

- Fähigkeit zu moderieren

Bevor es überhaupt zu den eigentlichen Verhandlungen kommt, muss ein Verhandlungssprecher die verschiedenen Positionen und vor allem die dahinter liegenden Interessen der verschiedenen Gruppen herausfinden und bündeln können. Dazu gehören Fähigkeiten, die im Allgemeinen mit der Fähigkeit zu moderieren beschrieben werden. Fragen, die dabei zur Sprache kommen, sind: Welche Gruppe hat welche Interessen und warum? Welches sind die Hauptinteressen, welche Interessen stehen nicht im Vordergrund? Dafür eignet sich die Einordnung auf einer Skala, z. B. von „1 – sehr wichtig“ bis „5 – wenig wichtig“.

Welche Optionen, d.h. Lösungsmöglichkeiten sehen die Gruppen, um ihre Interessen befriedigt zu bekommen? Bei welchen Möglichkeiten geht welche Gruppe überhaupt nicht mit, und warum? Gibt es dafür andere Möglichkeiten, die diese Gruppe zum Einverständnis für eine bestimmte Lösung bewegen könnten?

- Geübt im Umgang mit komplexen Situationen

Bereits aus den oben gestellten Fragen wird als notwendige Qualifikation für einen Verhandlungssprecher deutlich, mit einer Menge an verschiedenen Informationen, aber auch unterschiedlichen Menschen und Interessen umgehen zu können. Die Komplexität der Themen steigert sich dann noch in den tatsächlichen Verhandlungsrunden, bei denen die gefundenen Interessen der Gruppen, die der Sprecher vertritt, mit denen der Verhandlungspartner abgeglichen und natürlich weitere Optionen entwickelt werden müssen.

- Persönliche Betroffenheit bzw. persönliche eigene Interessen

Die Frage, ob sich jemand als Verhandlungssprecher eignet, der selbst eigene persönliche Interessen an einem bestimmten Ergebnis der Verhandlung hat, ist eine immer wiederkehrende Frage, die kaum lösbar ist. Verhandlungssprecher ohne eigene Meinung, also „neutrale Dritte", sind oft fachlich im Thema nicht qualifiziert und werden daher von den Gruppen nicht anerkannt. Andererseits laufen Sprecher, die eigene Interessen verfolgen, Gefahr, bestimmten Ansichten und Optionen eher zuzuneigen als anderen. Eine allgemeingültige Antwort ist auf die Frage also kaum zu geben. Die generelle Offenheit für die verschiedenen möglichen Optionen, die in der Verhandlung entwickelt werden, ist in dieser Frage eher ein Qualifikationskriterium: Jemand, der von Anfang an sagt, es kann nur diese eine oder diese zwei Lösungen geben, eignet sich nicht für diese Arbeit.

Ein weiterer Punkt, der dabei beleuchtet werden muss, ist die eigene persönliche Betroffenheit, die vielleicht eine sachliche Auseinandersetzung über bestimmte Fragen und Optionen nicht möglich macht. Wenn jemand wunde Punkte hat, die ihn zu bestimmten „Innerungen" führen und damit zu unsachlichen und persönlich verletzenden „Äußerungen" verleiten, sollte er sich eher von einem Verhandlungssprecher vertreten lassen.

- Integrität

Ein von einer Gruppe von Betroffenen bestimmter und gewählter Verhandlungssprecher muss natürlich ein Mandat von der Gruppe erhalten. Neben den anderen Qualifikationen ist die persönliche Integrität dieser Person sicherlich ein herausragendes Merkmal. Die Gruppe muss Vertrauen in ihren Verhandlungssprecher haben und dieses Vertrauen muss auch in schwierigen Phasen halten.

3. Verhandlungsbegleitung

Schwierige Verhandlungen können durch einen Vertrauten begleitet werden. Die Anforderungen, die an einen professionellen Verhandlungsbegleiter gestellt werden, sind prinzipiell nicht unterschiedlich zu denen, die ein professioneller Verhandler an sich selbst stellen muss. Verhandlungsbegleiter sind in zwei Fällen von besonderem Wert:

1. Man selbst und/oder der Verhandlungspartner sind emotional so sehr verstrickt in den Fall, dass die Gefahr einer Eskalation gegeben ist.

Es werden lediglich Positionen ausgetauscht, im Sinne von: „Das geht nur so!“ oder: „Ich habe recht!“ u.ä. Eine Verhandlungsbegleitung hätte hier die Aufgabe, einerseits deeskalierend zu wirken; andererseits müssten die Interessen beider Partner herausgearbeitet und vielfältige Optionen entwickelt werden, die die Interessen zum Ausgleich zu bringen imstande sind.

2. Das Thema, das zur Verhandlung ansteht, ist so komplex, dass man selbst oder auch der Verhandlungspartner die Gefahr sieht, nicht alle Möglichkeiten eines guten Verhandlungsergebnisses ausloten zu können. In diesem Fall würde eine Verhandlungsbegleitung wie ein klassischer Moderator agieren, der Ergebnisse strukturiert, Zwischenergebnisse zusammenfasst, mit Komplexität versiert umgehen kann, visualisiert, gegebenenfalls mit der Metaplan-Methode arbeitet, etc.

Während im ersten Fall der Verhandlungsbegleiter in der Regel nur die Interessen des einen Verhandlungspartners vertritt, ist im zweiten Fall durchaus denkbar, dass er im Auftrag beider Verhandlungsseiten tätig wird.

Auch ein Verhandlungscoach wird häufig hinzugezogen: Er bespricht die Strategie und die Taktik, bleibt aber hinter den Kulissen. Er berät nach jeder Verhandlungssequenz und übt schwierige Phasen.

VIII. Verhandlungen in internationalen Kontexten

Mit der wachsenden Globalisierung werden insbesondere im Unternehmensbereich Verhandlungen immer häufiger in internationalen Kontexten durchgeführt. Dabei gehören die Verhandlungspartner unterschiedlichen nationalen Kulturen an.

Generell kann man zwei unterschiedliche Herangehensweisen unterscheiden, wie der Einfluss von Kultur auf Verhandlungen und Kommunikation gewertet wird: Die einen, die aus der Problematik der unterschiedlichen Kulturen Bücher und Ratgeber schreiben und sowohl in dafür gegründeten innerbetrieblichen Abteilungen als auch als externe Berater und Spezialisten tätig sind und vertreten: „Das ist alles ganz schwierig; die Menschen müssen richtig darauf vorbereitet werden, sonst erleiden sie einen Kulturschock." Und die anderen, die sagen, dass es eine Selbstverständlichkeit ist, „dass es in jedem Land bestimmte Sitten und Gebräuche gibt, die man als Sache elementarer Höflichkeit *erstens* zu kennen und *zweitens* zu respektieren hat. [Und das hat] mit jenem Minimum an Kinderstube, Anstand und Kultiviertheit [zu tun]" (*Malik*, S. 41). Wie so häufig liegt die „Wahrheit" unserer Ansicht nach auch bei dieser Frage irgendwo zwischen diesen beiden Extrempolen. Außerdem kann man von Führungskräften hören, die jahrelang im Ausland in multikulturell besetzten Teams Leitungsfunktionen mit vielen Verhandlungen erfolgreich durchführten und sich an keine wirklich problematischen und nur mit externer Expertenhilfe lösbaren Probleme erinnern können. Andererseits gibt es andere Erfahrungen, wo die unterschiedliche Kultur für das Scheitern von Arbeitsbeziehungen bis hin zu ganzen internationalen Fusionen verantwortlich gemacht wird. Einige Überlegungen zu Verhandlungen in internationalen Kontexten sollen hier erwähnt werden.

Grundsätzlich gelten als wichtigste Voraussetzung für die erfolgreiche Arbeit in interkulturellen Kontexten die mittlerweile als klassisch geltenden vier Dimensionen, die in interkulturellen Vorbereitungstrainings zur Sprache kommen: Es handelt sich dabei um *awareness* (zu übersetzen etwa mit Wahrnehmung), *knowledge* (Wissen), *attitudes* (Einstellungen) und *skills* (Fertigkeiten) (vgl. *Brislin/Yoshida*, 1994).

Die *awareness* schärft das Problembewusstsein, insbesondere auch für die *eigene* kulturelle Prägung und Herkunft, *knowledge* soll helfen, Orientierung über grundlegende Konzepte und Vorgehensweisen der fremden Kultur zu erhalten, die *attitudes* arbeiten an den eigenen emotionalen Reaktionen auf das Fremde und den damit zusammenhängenden Herausforderungen, während schließlich die *skills* praktische Fertigkeiten für den erfolgreichen Kontakt mit der fremden Kultur einüben sollen.

Gelernt werden soll die grundlegende Erkenntnis, dass Menschen aufgrund ihrer kulturellen Herkunft das, was um sie herum geschieht, in einer ganz spezifischen Art und Weise interpretieren. Diese Interpretation ist ihre spezifische und sie muss für Menschen aus einer anderen Kultur nicht automatisch die Gleiche sein. Daher können Missverständnisse auftreten, wenn Verhandlungspartner davon ausgehen, dass ihre Sicht der Dinge, ihre Wahrnehmung, ihre Art des Denkens und ihre Begründungen und auch beispielsweise ihre Art der Verhandlungsführung von dem Verhandlungspartner genau so gesehen und verstanden werden, wie er sie gemeint hat. Die eigene „Wahrheit“ ist nicht automatisch auch die fremde Wahrheit.

Wenn bereits in sog. monokulturellen Kommunikationssituationen vielfältige Missverständnisse auftreten können (siehe Kapitel VI), so werden diese durch die unterschiedliche kulturelle Herkunft der Verhandlungspartner unter Umständen noch verstärkt. Zwischen Sender und Empfänger sind zusätzlich einige kulturelle Filter wirksam, die eine Botschaft anders erscheinen lassen, als sie ursprünglich gemeint war und darüber hinaus auch anders verstanden wird.

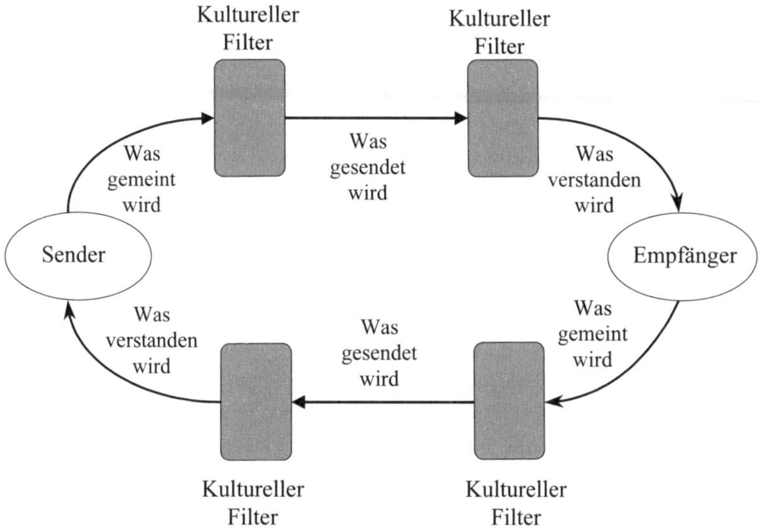

Abb. 8: Interkulturelle Kommunikation

Als Beispiel soll hier die als Klassiker geltende Verhandlung zwischen einem griechischen Projektmitarbeiter und seinem US-amerikanischen Chef wiedergegeben werden:

In einem internationalen Projekt muss ein Bericht fertiggestellt werden. Der US-amerikanische Chef bittet seinen griechischen Mitarbeiter zu sich in das Büro, und der folgende Dialog findet statt:

Amerikaner: Wie lange brauchen Sie für den Bericht?

Grieche: Ich weiß nicht. Wie lange geben Sie mir?

Amerikaner: Sie wissen, glaube ich, am besten, wie lange Sie dafür brauchen werden.

Grieche: Zehn Tage.

Amerikaner: Sagen wir, fünfzehn. Ok? Also, abgemacht, in fünfzehn Tagen legen Sie den Bericht vor.

Tatsächlich hätte die Anfertigung des Berichtes 30 normale Arbeitstage benötigt. Der Grieche arbeitete also buchstäblich Tag und Nacht und nach fünfzehn Tagen war der Bericht fast fertiggestellt – er brauchte nur noch einen Tag mehr.

Amerikaner: Und wo ist der Bericht?

Grieche: Er wird morgen fertig sein.

Amerikaner: Aber wir haben doch ausgemacht, dass er heute vorliegt.

Kurz darauf kündigt der Grieche das Arbeitsverhältnis, weil er mit einem solchen Chef unmöglich zusammenarbeiten kann (zit. nach *Harris/Moran*, S. 30).

Dieses Beispiel einer interkulturellen Kommunikationssituation zeigt die Wirksamkeit der kulturellen Filter: Die Missverständnisse nehmen gleich zu Beginn der Kommunikation ihren Verlauf und führen fast zwangsläufig zum Ende der Zusammenarbeit. Wenn der amerikanische Chef seinen Mitarbeiter fragt, welche Zeit dieser denn veranschlagt, um den Bericht fertig zu stellen, dann geht er von seinem Managementverständnis aus: Er bezieht sich auf das *MbO*, das *Management by Objectives* (entwickelt in den fünfziger Jahren von *Peter Drucker*), das ihm beigebracht hat, dass Mitarbeiter an Entscheidungen zu beteiligen sind, damit die Ziele gut erreicht werden können. Für den griechischen Mitarbeiter macht die Frage danach, wie lange er für den Bericht meine zu benötigen, jedoch keinen Sinn: Aufgrund seiner eigenen kulturellen Herkunft verlangt er, dass der Chef ihm sagen müsse, welchen Zeitraum er zu Verfügung hat, um den Bericht fertig zu stellen. Als der Amerikaner dann 15 Tage vorschlägt, bietet er in seinen Augen einen Kontrakt an; für den Griechen hingegen kommt die Botschaft an, dass er 15 Tage Zeit für den Bericht hat, also etwas hört, das er hören wollte – eine definitive Entscheidung des Managements, an die er sich zu halten hat. Diese versucht er nun durchzuführen, wobei ihm das auch fast gelingt. In seinen Augen ist das nun folgende Verhalten des amerikanischen Chefs nicht mehr zu tolerieren, denn erstens wird nicht anerkannt, dass er sich für den Bericht krumm gelegt hat; zweitens hat sein Chef eine Managemententscheidung getroffen, die in seinen Augen von mangelnder Erfahrung geprägt ist, denn wie sonst ist es zu erklären, dass der Chef sich im Ausmaß der notwendigen Arbeit dermaßen verschätzt. Er muss also inkompetent sein. Der Amerikaner seinerseits ist empört, dass der Bericht nicht fertig ist, schließlich habe man doch einen Kontrakt, an dessen Aushandlung der Grieche beteiligt war. Daher versteht er dessen Kündigung nicht; wahrscheinlich auch nicht, dass sie darin begründet liegt, dass der Grieche ihn als inkompetent ansieht. Letztlich habe er ihn doch an der Entscheidung beteiligt.

Dieses Beispiel einer verunglückten Kommunikations- und Verhandlungssituation stammt aus den siebziger Jahren und soll damals tatsächlich auch so geschehen sein. Obwohl interkulturelle Verhandlungssituationen auch heute noch eine Herausforderung darstellen, ist die Chance, dass sie aufgrund unüberbrückbarer kultureller Unterschiede zum Scheitern verurteilt sind, geringer geworden.

Zum einen liegt das daran, dass in Verhandlungen, zumindest in geschäftlichen Kontexten, meist trainierte, auch in interkultureller Kompetenz trainierte Verhandlungspartner sich gegenüber sitzen. Es ist daher eher unwahrscheinlich, dass aufgrund völliger Unwissenheit oder Ignoranz der kulturellen Unterschiede Fehler geschehen, die einen Verhandlungsabbruch nach sich ziehen. Eine illustrative Ausnahme stellt vielleicht der Fall dar, der im Harvard Business Review noch im Jahr 2002 zitiert wurde: Ein US-amerikanischer Verkäufer wurde unsanft und sehr direkt aus dem Verhandlungsraum geworfen, in dem ein Multimillionen Dollar schwerer Vertrag unterzeichnet werden sollte. Er war in Saudi Arabien, und stellte erst danach fest, dass in diesem muslimischen Land (wie in anderen Ländern dieser Religion auch) Schweine als unrein angesehen werden. Er hatte sein Angebot in einer Schweinsleder-Mappe abgegeben und sein Unternehmen wurde auf eine schwarze Liste gesetzt (*Sebenius*, S. 76). Wahrscheinlich meint *Malik* das, wenn er von „jenem Minimum an Kinderstube, Anstand und Kultiviertheit“ spricht (s.o.), einem Minimum an kultursensibler Handlung.

Zum zweiten existiert in der internationalen Geschäftswelt der Typus des internationalen Business-Managers, der nicht nur mit allen kulturellen „Wassern“ benetzt worden ist, sondern dem vor allem kein eindeutiger „kultureller Hintergrund“ mehr zugeschrieben werden kann. Die Internationalisierung der Lebensläufe spielt dabei eine entscheidende Rolle: Der Franzose Philippe ist zwar in einem muslimischen Elternhaus in Algerien aufgewachsen, hat seine Schulzeit aber in einer französischen Schule verbracht, ist zum Studium in Großbritannien und den USA gewesen, arbeitete dann in einem deutschen Unternehmen in Frankreich und leitet nun eine internationale Arbeitsgruppe für ein amerikanisches Unternehmen in England. Solchen Personen – und sie werden in Zukunft häufiger zu finden sein – eine bestimmte kulturelle Herkunft, die sie durchgängig geprägt haben soll, zuzuweisen, wird weder ihnen noch der Situation gerecht *(Knapp/Novak)*.

Gefahren sind eher aufgrund eines mangelhaften interkulturellen Trainings gegeben: Um Kulturunterschiede deutlich zu machen, wird häufig mit Stereotypen gearbeitet: Die Deutschen erscheinen immer pünktlich und gut vorbereitet zu Sitzungen und arbeiten mit Plan alles nacheinander ab – so lautet ein beliebtes Stereotyp, das in interkulturellen Vorbereitungen für Ausländer auf ihren Aufenthalt in Deutschland verbreitet wird. Oder in der patriarchalisch organisierten griechischen Kultur muss einem Mitarbeiter vom Chef gesagt werden, wie etwas zu tun ist und innerhalb welcher Zeit (siehe das Beispiel oben). So wenig wie das positive Stereotyp über „die Deutschen" und ihre Sitzungskultur stimmig ist, wie jeder weiß, der an innerbetrieblichen Sitzungen zu leiden hat, so wenig müssen die positiven oder negativen Stereotypen über andere Kulturen auf alle Mitglieder einer kulturellen Gruppe zutreffen. Darüber hinaus werden einem Verhandlungspartner, der immer auch ein Individuum ist, durch diese Stereotypisierungen bestimmte Kultureigenschaften zugeschrieben, die für diesen bestimmten individuellen Menschen vielleicht gar keine Bedeutung (mehr) besitzen.

Die Herausforderungen in interkulturellen Verhandlungen liegen daher heute weniger darin, dass kein gesichertes Wissen über kulturell bedingte Verhaltens- und Handlungsmuster vorliegt. Das Gegenteil ist der Fall: Interkulturelle Vorbereitungstrainings und Verhandlungsbegleitung für praktisch jede Region dieser Welt, in dem Geschäfte getätigt werden können, sind leicht auf dem Markt erhältlich. Ebenso bringt eine Internet-Suche über Suchmaschinen zu Stichworten wie: *doing business with ...* oder *negotiations with ...* eine Vielzahl von Informationen. Die Frage stellt sich vielmehr, ob das dort verbreitete Wissen auf die spezifische Verhandlungssituation und vor allem den spezifischen Verhandlungspartner anzuwenden ist und die Verhandlung voranbringt oder eher erschwert. Die Herausforderung besteht darin, mit dem reichlich verfügbaren und auch durchaus zur ersten Orientierung in anderen kulturellen Kontexten sinnvollen Wissen so umzugehen, dass man bereit ist, davon wieder Abstand zu nehmen, wenn das Bild auf den gegenübersitzenden Verhandlungspartner nicht passt.

Kommunikative Fähigkeiten sind gefordert, und damit ist vor allem die Fähigkeit, zuzuhören und zu verstehen, gemeint. Alle Anforderungen, die in diesem Buch beschrieben wurden, und einen effizienten Verhandler auszeichnen, gelten daher auch für internationale und interkulturelle Verhandlungen.

IX. Fazit: Von verborgenen Strategien zu effizienten Verhandlungen

Zu Beginn dieses Arbeitsheftes wurde geschildert, wie Verhandlungen üblicherweise geführt werden. Hinter diesen Handlungsweisen verbergen sich verbreitete Ansichten, die zu Leitsätzen des Handelns werden und von denen gemeint wird, sie seien effizient. Viele dieser Leitsätze sind den Handelnden nur teilweise bewusst, sie bestimmen jedoch, wie ge- und verhandelt wird.

Im Folgenden werden die verbreiteten Ansichten dargestellt, ihre Annahmen herausgearbeitet und auf ihre Nützlichkeit für effizientes Verhandeln hin untersucht.

1. Verbreitete Ansichten – Leitsätze

- Sich keinesfalls von dem Verhandlungspartner in die Karten schauen lassen.

Annahme: Da der Verhandlungspartner bestimmte Informationen erlangt, die seine Position verbessern, verfügt er über einen Vorsprung. Daher sollte möglichst wenig preisgegeben werden, um einen Vorsprung und Vorteil des Verhandlungspartners zu verhindern. Hinter diesem Denken steckt die Grundüberzeugung, Verhandlungen seien Kampfsituationen, in denen es einen Gewinner und Verlierer geben muss.

Vorteil: Es gibt Situationen, in denen es sinnvoll ist, nicht alle Informationen auf den Tisch zu legen. Soll zum Beispiel ein kurzfristiger Liquiditätsengpass mit einem Kredit überbrückt werden, ist es für den Verhandlungsverlauf nicht unbedingt vorteilhaft, der Bank von dem letzten geplatzten Auftrag zu erzählen. Sie können aber durchaus überlegen, die negativen Konsequenzen aufzuzeigen, die entstehen, wenn der Kredit nicht genehmigt wird.

Behalten Sie Informationen für sich, von denen Sie annehmen oder auch wissen, dass sie der Verhandlung zu Ihrem Nachteil gereichen.

Gefahren: Sie halten wichtige Informationen zurück, die Ihrem Verhandlungspartner nützlich sein könnten, um Lösungsmöglichkeiten zu entwickeln. Sie müssen eine Fassade (auch als Pokerface bezeichnet) aufrechterhalten und sich als jemand zeigen, der Sie gar nicht sind. Die Offenheit in der Verhandlung ist eingeschränkt und damit auch das Potenzial, gemeinsam Lösungen zu erarbeiten. Diese Verschlossenheit spürt der Verhandlungspartner, und das kann entsprechende Rückwirkungen auf die Beziehung haben. Sollte die Wahrheit zum Vorschein kommen, kann dies den Verlauf zukünftiger Verhandlungen ungünstig beeinflussen. Beliefern Sie beispielsweise auch den Konkurrenten Ihres Verhandlungspartners mit Waren, kann es vorteilhafter sein, Ihrem Verhandlungspartner diese Information selbst zu geben, als wenn er dies aus anderen Quellen erfährt.

- Die Schwächen des Verhandlungspartners identifizieren und ihm deutlich vor Augen führen.

Annahme: Um zu verhindern, dass der Verhandlungspartner sich stark fühlt, machen Sie ihm klar, in welcher schlechten Situation er sich befindet. So wird er in seine Schranken verwiesen. Dies erleichtert Ihnen die Verhandlung, weil er sich nicht traut, viel zu fordern. Eine, auch im Management, ziemlich verbreitete Annahme, die gerne wiederholt und weitergegeben wird.

Vorteil: Wenn es wirklich einen Vorteil gibt, dann den, dass arrogante und allzu selbstsichere Verhandler auf den Boden der Realität zurückgeholt werden.

Gefahren: Fragen Sie sich selbst, wie Sie in einer Verhandlung agieren würden, wenn Ihnen erst einmal ausführlich Ihre eigenen Schwächen vor Augen geführt werden. Diese Verhandlungsstrategie verursacht hohe Kosten auf der Beziehungsebene, und die Verhandlungspartner entfernen sich voneinander. Ein effizientes Verhandeln ist kaum noch möglich.

Etwas anderes ist es, den Verhandlungspartner darin zu unterstützen, die eigene Überschätzung wahrzunehmen. Dies geschieht im Sinne einer Unterstützung statt eines persönlichen Angriffs. Wenn beispielsweise der Verhandlungspartner allerlei verspricht, dann könnten Sie darauf reagieren, indem Sie sagen: „Das erscheint mir sehr viel – und ich frage mich, ob wir uns auf die wichtigsten Punkte beschränken sollten, um erfolgreich zu sein." Damit geben Sie Ihren Eindruck wieder und stellen eine offene Frage, ohne den Verhandlungspartner anzugreifen oder ihn der Selbstüberschätzung zu bezichtigen.

- Dem Verhandlungspartner drohen und ihn unter Druck setzen.

Annahme: Der Verhandlungspartner ist ein Gegner, der, vielleicht mit allen Mitteln, gefügig gemacht werden muss: „Der muss lernen zu spuren."

Vorteil: Wenn es gelingt, gewinnt man und setzt sich durch.

Gefahren: Zu welchem Preis wird der Gewinn erlangt? Und was geschieht in der nächsten Verhandlung? Niemand lässt sich gern bedrohen oder unter Druck setzen; entsprechend wird „zurückgeärgert".

Ein ähnlicher Leitsatz lautet:

- Verhandlungen kommen am besten zum Erfolg, indem ich den Partner unter Stress setze.

Annahme: Unter Stress, wie beispielsweise enge Zeitbedingungen, erreicht man seine Verhandlungsziele schneller: „Wenn Sie jetzt einschlagen, ist der Handel gemacht!"

Vorteil: Sie mögen Ihr Ziel dadurch erreichen, dass Ihr Verhandlungspartner zum Abschluss genötigt wird.

Gefahren: Wenn Ihr Verhandlungspartner erkennt, dass er übervorteilt worden ist, kann er versuchen, die Übereinkunft rückgängig zu machen oder er fordert zu Nachverhandlungen auf. Dies führt zu keiner Effizienz in der Verhandlung, zumal die Entwicklung von Optionen kaum möglich ist. Außerdem verursacht ein solches Verhalten wiederum hohe Kosten auf der Beziehungsebene.

- Höher im Preis einsteigen, um Verhandlungsspielraum zu haben.

Annahme: Wenn ich keinen Spielraum habe, dann fällt es mir schwer, mich verhandlungsbereit zu zeigen. Auch hier spielt die Grundüberzeugung eine Rolle, dass es um die Verhandlung von Positionen geht.

Vorteil: Durch eine Marge in der Verhandlung bleibe ich offen im Prozess der Verhandlung und habe die Möglichkeit, dem anderen Bereitschaft zum Verhandlungsabschluss zu zeigen.

Gefahren: Ich muss einen höheren Preis nennen, als ich anstrebe. Hohe Forderungen können den anderen verschrecken und zum Abbruch oder Ausstieg aus Verhandlungen führen. Wenn der Verhandlungspartner die gleiche Strategie verfolgt, wird Zeit in der Verhandlung vergeudet, da angenommen wird, dass man unbedingt einen Spielraum braucht. Stattdessen kann die Zeit besser genutzt werden, effizient zu verhandeln und beiderseitigen Interessen auf den Grund zu gehen, um sie im Ergebnis zu befriedigen.

- Möglichst nicht zu großes Interesse zeigen.

Annahme: Wenn zu deutliches Interesse an dem Verhandlungsgegenstand, zum Beispiel an der angebotenen Eigentumswohnung, gezeigt wird, kann der Verhandlungspartner mehr fordern. Die eigene Verhandlungsposition verschlechtert sich somit. Als Verhaltensregel resultiert der Ratschlag, sich eher bedeckt zu halten.

Vorteil: Es geht zu wie im abgedunkelten, rauchgeschwängerten Raum, in dem zwei Leute beim Pokerspiel sitzen. Das Ergebnis kann positiv sein, es wäre aber eher wie beim Glücksspiel ein Zufall.

Gefahren: Der Verhandlungspartner kann sich fragen, warum es zur Verhandlung gekommen ist. Das für die Verhandlung notwendige Engagement wird dem Verhandlungspartner nicht deutlich. Die Sachebene und die Forderungen – Ich möchte; Ich interessiere mich für (s. S. 58 f.) – werden reduziert angesprochen; ein Beziehungsaufbau findet, wenn überhaupt, nur in geringem Maße statt.

Ein ähnlicher Leitsatz über Verhandlungen ist auch der Folgende:

- Den gewünschten Verhandlungsgegenstand niedermachen.

Annahme: Dem Interessenten deutlich die Mängel seines Verkaufsobjekts vor Augen führen und dadurch den anderen gefügig machen, auf dass er dann zu Kreuze kriecht.

Vorteil: Es kann gelingen, wenn der Verhandlungspartner Ihnen ausgeliefert ist.

Gefahren: Sie bekommen den Gegenstand nicht, obwohl er Ihnen gefällt, da der Verhandlungspartner keinerlei positive Beziehung zu Ihnen aufbauen kann. Er wird einen anderen Käufer finden, der ihm sympathischer ist.

In einer effizienten Verhandlung ein Interesse an dem Gegenstand oder der angebotenen Tätigkeit zu zeigen, gibt die Energie in den Verhandlungsprozess, die zum Verhandeln notwendig ist. Bei der Besichtigung einer Wohnung drückt der effiziente Verhandler sein Interesse und, wenn vorhanden, seine Bewunderung aus. Die Annahme, dass dies den Preis zum Nachteil nach oben treibt, ist wiederum lediglich eine Annahme. Der effiziente Verhandler drückt seine Emotionen aus. Er kann benennen, was er innerlich empfindet. Er zeigt Engagement für den begehrten Gegenstand. Das bedeutet schließlich nicht, auf die Knie zu fallen oder aber die eigenen Interessen aus den Augen zu verlieren und beispielsweise einen überhöhten Preis zu zahlen. Der Preis hängt nach wie vor von den Kriterien ab, die gemeinsam festgelegt werden können. Sie haben jedoch eine gute Beziehung zu dem Verhandlungspartner aufgebaut, der nun weiß, dass Ihnen die Wohnung gefällt. Gegenstände, die mir selbst etwas bedeuten, gebe ich lieber an jemanden ab, der sie zu schätzen weiß, als an jemanden, der nur daran herummäkelt.

- In der Verhandlung muss möglichst viel für mich herausspringen.

Annahme: Was der eine gewinnt, verliert der andere. Wenn der zu verteilende Kuchen gleich 100% ist, versuche ich, mindestens 60% zu erhalten. Mit dieser Annahme wird die Verhandlung zum Kampf, in dem es um die Frage geht, wer mehr bekommt als der andere.

Vorteil: Dieses intuitive Verhandeln, das auf dem Verständnis beruht, Verhandlungen sind Kämpfe um Siegen und Verlieren, ist weit verbreitet. Man kann demnach ziemlich sicher sein, einen Verhandlungspartner zu finden, der diesen *negotiation dance* mittanzt.

Gefahren: Die Verhandlung beschränkt sich auf den Austausch von Positionen. Dahinter liegende Interessen, die die Verhandlungsmasse erweitern können, werden weder untersucht noch in die Verhandlung eingebracht. Effiziente Verhandler arbeiten auf 100 + x zu. Sie entwickeln Ideen, die für beide gewinnbringend sind und über das ursprünglich Vorhandene vielleicht sogar hinausgehen.

- Dem Verhandlungspartner kräftig die Meinung sagen, bringt die Verhandlung voran.

Annahme: Der Verhandlungspartner wird eingeschüchtert und dadurch verhandlungsbereiter.

Vorteil: Es kann sehr erleichternd sein, die Wut über die beispielsweise nicht erbrachte Leistung deutlich zum Ausdruck zu bringen (z.B. den Bauleiter wegen des Zeitverzuges beim Hausbau anzuschreien, kann kurzfristig Erleichterung bringen).

Gefahren: Ob ein solches Verhalten der Befriedigung der eigenen Interessen wirklich besser nutzt, ist eher fraglich. Ein solches Verhalten kann sich sehr negativ auf die Beziehung auswirken. Der Bauleiter wird seinerseits Reaktionen auf die Beschimpfung empfinden, vielleicht sogar die Sitzung verlassen und sich erst einmal nicht mehr melden, nach dem Motto: „Habe ich es nötig, mich so behandeln zu lassen?"

Etwas anderes ist das Benennen des eigenen Gefühls in der Ich-Form: „Ich bin wütend und aufgebracht über den Bauverzug. Der ganze Zeitplan steht auf dem Spiel und kann im Verzugsfall viel Geld kosten. Wie stellen Sie sich vor, wie das weitergehen soll?" Für effiziente Verhandler gibt es keinen Grund, die Person zu attackieren anstelle des Problems.

- Verhandeln heißt, einen Kompromiss zu finden.

Annahme: Zwischen zwei Positionen liegt die beste Lösung in der Mitte.

Vorteil: Der Kompromiss führt zu einer schnellen Lösung und kann das Scheitern der Verhandlung verhindern. Diese Verhandlungsart ist weit verbreitet und wird auch gern beschritten in der Annahme, dass Verhandeln immer bedeutet, einen Kompromiss zu finden. Der eine bietet 10.000 Euro und der Verhandlungspartner 7.000 Euro. Jetzt geht es darum, geschickt und glaubwürdig die Mitte anzusteuern und sich bei 8.500 Euro zu einigen.

Gefahren: Die Verhandlung basiert auf den formulierten Positionen, und die Lösung wird zwischen den beiden Polen gesucht. Die Interessen beider Seiten bleiben unberücksichtigt. Und das Ergebnis stellt keinen richtig zufrieden. Ein Kompromiss ohne Einbeziehung der Interessen braucht nicht viel Intelligenz. Der Kompromiss sollte das letztmögliche Ergebnis sein, nicht das erste, das angestrebt wird.

- Alles durchgedrückt ist ein optimales Verhandlungsergebnis.

Annahme: Gut verhandelt wurde, wenn ein Verhandlungspartner gewonnen hat.

Vorteil: Der „Gewinner“ hat einen Sieg davongetragen.

Gefahren: „Verlierer“ tendieren dazu, sich zu rächen. Eine weitere Verhandlung mit diesem Verlierer wird nicht leichter – bei der Dienstleistung werden dann beispielsweise die vorher eingesparten Kosten aufgeschlagen. Außerdem können die Kosten auf der Beziehungsebene hoch werden.

- Den anderen möglichst kalt erwischen.

Annahme: Diese „Technik“ findet häufiger im schlecht geschulten Management statt und zwingt den Verhandlungspartner in sog. Ad-hoc-Verhandlungen. „Eben und jetzt“ muss etwas verhandelt und entschieden werden. Ohne Frage gibt es solche Situationen. Doch steckt die Annahme dahinter, bei einem Überraschungsangriff bekomme ich den anderen leichter dazu, einem von mir gewünschten Ergebnis zuzustimmen.

Vorteil: Es kann gelingen, wenn solche Verhandlungen effizient geführt werden.

Gefahren: Häufig sind gerade solche Verhandlungssituationen keine *one-shot-negotiations*. Man hat mit dem Verhandlungspartner, z. B. weil er im gleichen Unternehmen arbeitet, auch noch weitere Verhandlungssituationen. Die Kosten auf der Beziehungsebene – niemand lässt sich gerne kalt erwischen – sind sehr hoch, und ein gemeinsames Arbeitsverhältnis kann dadurch nachhaltig gestört werden.

2. Unlautere Strategien

In den eben ausgeführten Leitsätzen stecken auch die häufigsten Strategien, die in Verhandlungen angewendet werden, um den Verhandlungspartner „über den Tisch zu ziehen“, indem mit so genannten unlauteren Mitteln gearbeitet wird. Ob die Mittel wirklich unlauter sind, ist eine Frage der individuellen Wertvorstellungen. Wichtiger, als dieser Frage nachzugehen, erscheint es uns zu überprüfen, wohin diese Strategien führen und was mit ihnen tatsächlich gewonnen werden kann. Der „Gewinn“ ist häufig ein Pyrrhussieg. In einmaligen Verhandlungen, in denen Sie nie wieder etwas mit dem Verhandlungspartner zu tun haben werden, mag vielleicht noch ein tatsächlicher Gewinn herausspringen. Die meisten Verhandlungen finden jedoch in einem Kontext statt, in dem man sich ein zweites Mal trifft, man weiter miteinander arbeiten muss, in Zukunft weitere Situationen hat, in denen man miteinander verhandeln wird, usw.

Ein zweiter Punkt ist die tatsächliche Wirksamkeit dieser Strategien: In dem Augenblick, in dem diese Strategien erkannt und benannt werden, ist ihre Wirkung meist schon, ohne viel Rauch zu hinterlassen, verpufft. Der einfache Hinweis darauf, dass man sich unter Druck gesetzt fühlt und so zu keinem Ergebnis kommen kann oder wird, reicht aus, um dem Verhandlungspartner zu spiegeln: So kommen wir nicht weiter.

Der viel gehörte Einwand, so schön und nett sei die Welt nun mal nicht, kann auch hier vorgebracht werden. Selbstverständlich gibt es Situationen, in denen das Machtungleichgewicht so groß ist, dass Ihr Verhandlungspartner mit diesen Strategien tatsächlich nur seine Ziele erreicht und Ihre Interessen nicht befriedigt werden. In diesen Fällen hilft nur die *Beste Alternative*, derer Sie sich bewusst sein sollten und die Ihnen zumindest dabei hilft, in der Verhandlung ein Ergebnis zu vermeiden, dass Sie schlechter stellt als das, was Sie sonst haben oder erreichen können.

3. Verhandlungsstile erkennen

Zusammenfassend lässt sich sagen, dass es vier verschiedene Verhandlungsstile gibt, die grob wie folgt einzuteilen sind:

- der harte Verhandlungsstil stellt die eigenen Interessen in den Vordergrund und kümmert sich nicht oder nur in geringem Maße um die Interessen des Verhandlungspartners;
- der weiche Verhandlungsstil stellt die Interessen des Verhandlungspartners nach vorne und vernachlässigt die eigenen Interessen;
- der Stil des Kompromisses versucht, ohne viel Aufhebens schnell zu einem Ergebnis zwischen Position A und B zu kommen und vernachlässigt mögliche Optionen;
- der effiziente Verhandler hingegen sieht die eigenen Interessen und die des Verhandlungspartners und gibt beiden einen hohen Stellenwert.

Die Abbildung auf der nächsten Seite verdeutlicht diese Zusammenhänge.

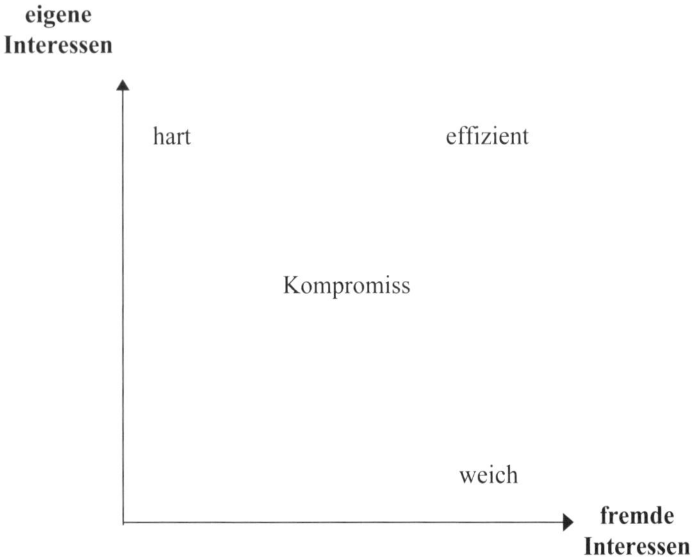

Abb. 9: Verhandlungsstile

Bei diesen Verhandlungsstilen ist zu beachten, dass das reine Positionsdenken bereits überwunden wurde und man sich immerhin schon auf der Ebene der Interessen bewegt. Aber eine effiziente Verhandlung und vor allem ein tragfähiges Ergebnis können nur dann erreicht werden, wenn sowohl die eigenen als auch die Interessen des Verhandlungspartners möglichst optimal zufriedengestellt werden. Lediglich die eigenen Interessen in den Vordergrund zu stellen, führt zu einem harten Verhandlungsstil. Dadurch berauben Sie sich der Chance, die eigenen Interessen erweitert durch die Interessen Ihres Verhandlungspartners zu sehen. In der Regel folgt ein Verhandlungsabbruch oder ein Kompromiss wird erzielt, der weder viel Verhandlungsgeschick noch besondere Intelligenz oder Kreativität erfordert. Der weiche Verhandlungsstil stellt die eigenen Interessen hinten an und führt zu Ergebnissen, die häufig hinterher bereut werden, da Forderungen nicht gestellt wurden. Für die Zukunft tragfähige Vereinbarungen sind so kaum zu erreichen und Nachverhandlungen oder hohe Kosten auf der Beziehungsebene sind vorprogrammiert.

X. Phasen in Verhandlungen

Wie die folgende Übersicht zeigt, bestehen Verhandlungen aus verschiedenen Phasen. Je nach Verhandlungsgegenstand sind die Phasen unterschiedlich ausgeprägt. Häufig wird in Verhandlungen der individuellen Vorbereitung und der gemeinsamen Nachbereitung zu wenig Aufmerksamkeit geschenkt. Gerade die Vorbereitung, in der die eigene *Beste Alternative* gefunden und formuliert werden sollte, ist sehr wichtig, um ein gutes und tragfähiges Verhandlungsergebnis zu erlangen. Die *Beste Alternative* gibt den Rahmen vor, innerhalb dessen entschieden wird, ob überhaupt und bis zu welchem Punkt verhandelt wird. Ein effizientes Verhandeln ist dadurch ermöglicht. Ähnlich sieht es mit der Vernachlässigung der Nachbereitung aus: Schon das gemeinsam erreichte Verhandlungsergebnis wird manchmal nur oberflächlich verabredet, was zu Missverständnissen, Nachverhandlungen bis hin zu einem Platzen der Vereinbarungen führen kann. Ressourcen werden so verschwendet, genau so wie die Chance, sich durch ein gemeinsames Feedback über das, was gut und das, was weniger gut lief, eine Lernchance zu geben, damit die nächste Verhandlung noch besser läuft.

Tab. 4: Verhandlungsphasen

Phasen	**Worauf achten? Was tun?**	**Hilfsmittel** (siehe auch Checklisten im Anhang)	**im Text Seite**
Vor Beginn	• Verhandlungsgegenstand bestimmen und Verhandlungspartner identifizieren; Ort festlegen • Eigene Positionen bestimmen – fremde Positionen antizipieren und sich dahinter verbergende eigene und fremde Interessen bestimmen bzw. antizipieren; • Eigene Alternativen und *Beste Alternative* feststellen und dadurch Klärung der Frage: Soll ich überhaupt verhandeln und mit welchem Ziel? • Objektive Kriterien feststellen und entsprechende Unterlagen vorbereiten (z.B. Gutachten etc.)	Tabelle: Vorbereitung auf Verhandlung meine Interessen – fremde Interessen	21–23 25–28 37–40 57 f.

(Fortsetzung-Tab. 4)

Phasen	**Worauf achten? Was tun?**	**Hilfsmittel** siehe auch Checklisten im Anhang	**im Text Seite**
Begrüßung	• Freundliches Gesprächsklima durch Empathie zum Verhandlungspartner herstellen; Verhandlungsgegenstand benennen und vereinbaren	alles was hilft, z.B. Getränke, Sitzgelegenheit, Wünsche des Verhandlungspartners erfragen	23
Von Positionen zu Interessen	• Eigene Positionen formulieren und dahinter stehende Interessen soweit wie sinnvoll verdeutlichen; fremde Position zur Kenntnis nehmen; die dahinter stehenden Interessen herausfinden; • Forderungen stellen und vertreten • Verfahrensinteressen formulieren • Konfrontationen vermeiden und positives Verhandlungsklima beibehalten; • Verständnis sicherstellen durch Nachfragen • Eigenen Einfluss auf die Kommunikation geltend machen (bestimmt in der Sache – sanft in der Beziehung)	aktives Zuhören, offene Fragen (6 W-Fragen); u.U. bereits visualisieren z.B. Ihre Interessen – meine Interessen	25–28 58–60 30 f. 62–65 66–68 68–70
Optionen entwickeln	• Welche Möglichkeiten, die gefundenen Interessen zu befriedigen, gibt es? • Gemeinsame Suche nach Optionen (noch keine Bewertung vornehmen!)	Übersicht und Struktur schaffen – nichts verlieren, beispielsweise durch Visualisierungen; offen für neue Optionen bleiben; Gemeinsam mit den Hüten denken	41–44 44–50
Überprüfung Interessen und weitere Optionen	• Nachdem erste Optionen entwickelt wurden, können sich weitere Interessen auftun, an die vorher nicht gedacht wurde; • Diese feststellen und nach weiteren Optionen suchen, um sie zu befriedigen	festhalten u.U. durch Visualisierung; Mut zur Komplexität zeigen	50–53
Beste Alternative überprüfen	• Ist das zu erzielende Ergebnis besser als meine Alternativen? • Sind Interessen und Optionen aufgetaucht, die meine Alternativen verändern und u. U. vergrößern?	individuelles Überprüfen und Nachdenken	37–40

(Fortsetzung-Tab. 4)

Phasen	**Worauf achten? Was tun?**	**Hilfsmittel** siehe auch Checklisten im Anhang	**im Text Seite**
Verhandlungsstand überprüfen	• Konnte die Verhandlungsmasse vergrößert werden? • Sind Interessen und Optionen entwickelt worden, die mehr umfassen als zu Beginn der Verhandlung vorhanden war?		50–55
Aufteilung der Verhandlungsmasse – Kriterien	• Gibt es nachvollziehbare („unabhängige“) Kriterien, mit denen die Verhandlungsmasse aufgeteilt werden und ein Ergebnis erreicht werden kann?	Feststellen der Kriterien	57 f.
Zwischenstand festhalten	• Was haben wir erreicht – was ist noch strittig?	Zwischen- oder Teilergebnisse festhalten und darauf einigen	57
Verhandlungsabschluss erzielen	• Gemeinsames Verständnis über die Ergebnisse herstellen; • Klar werden über die gegenseitigen Verpflichtungen und nächsten Schritte; • Ein positiver Abschluss ist eine gegenseitige Würdigung der geleisteten Arbeit wert; ein Verhandlungsmisserfolg hingegen sollte formuliert, die unüberbrückbaren Punkte sollten gemeinsam festgestellt werden (lässt sich da noch etwas machen?).	z. B. Vertrag, Protokoll, Verhandlungsmemorandum; Beziehungs- und Sachebene weiter trennen – man sieht sich ja vielleicht noch ein zweites Mal und sollte dann wieder zu Verhandlungs-*Partnern*, nicht -*Gegnern* werden; Verhandlungsmisserfolg ist einer in der Sache, nicht in der Beziehung!	60 f.
nach Abschluss der Verhandlung	• Feedback – am besten gemeinsam über Sachebene, Beziehungsebene und Verfahrensebene; • Falls nicht gemeinsam möglich: eigene Rückschau auf Verhandlung: was half – was behinderte?		60 f.

XI. Checklisten für die unterschiedlichen Verhandlungsphasen

Die folgenden Checklisten sind dazu gedacht, Ihnen für Ihre Verhandlungen ein Raster zu geben. Damit sie in Verhandlungen benutzt werden können, sind die verschiedenen Phasen auf drei Kernphasen reduziert worden: Vorbereitung, Durchführung und Verhandlungsabschluss. Viel Spaß und viel Kreativität!

1. Vor Beginn – Vorbereitung

Frage	Achten auf	Ihr Verhandlungsfall
Wer ist der richtige Verhand-lungs-partner?	• Hat der Verhandlungspartner ein Verhandlungsmandat oder erkundet er nur? • Niemanden in der Hierarchie übergehen!	
Ort der Verhandlung	• Entspricht der Ort dem Anlass? • Ist eine ungestörte Atmosphäre gewährleistet? • Sind notwendige Telekommunikationseinrichtungen vorhanden (Telefon/Fax etc.) für evtl. Rückfragen?	
Notwendige Unterlagen, z. B. Gutachten (Kriterien)	• Was wollen Sie als schriftliche Informationen mitteilen/ausgeben? • Mit wie vielen Verhandlungspartnern haben Sie es zu tun – Anzahl der Kopien?	
Verhand-lungs-gegenstand bestimmen	• Was ist oder was sind die Verhandlungsthemen? • Gibt es eine Übereinstimmung betreffend der Themen bereits vor der Verhandlung?	

(Fortsetzung)

Frage	Achten auf	Ihr Verhandlungsfall
Meine eigenen Interessen	• Betrachten Sie die eigenen Interessen; Warum wollen Sie diese Verhandlung führen? Warum ist Ihnen ein bestimmtes Verhandlungsergebnis wichtig?	
Die vermuteten Interessen meines Verhandlungspartners	• Stellen Sie sich in die Schuhe Ihres Verhandlungspartners und versuchen Sie, seine Interessen zu fomulieren.	
Alternativen zur Verhandlung bestimmen und eigene *Beste Alternative* formulieren	• Die Alternative muss eine erreichbare Alternative sein; u. U. versuchen Sie, sie zu verbessern.	
Beste Alternative für Verhandlungspartner?	• Wenn Sie sich die vorstellen können, welche ist diese?	

2. Durchführung der Verhandlung

Frage	Achten auf	Ihr Verhandlungsfall
Was sind meine Positionen?	• Eigeninteressen und Bedürfnisse.	
Was sind die Positionen des Verhandlungspartners?	• Interessen und Bedürfnisse des Verhandlungspartners.	
Was sind meine Interessen?	• Benennen Sie Ihre Interessen (Sach-, Beziehungs- und Verfahrensebene).	
Was sind die Interessen meines Verhandlungspartners, die hinter seinen Positionen stehen?	• Fragen Sie danach mit offenen Fragen. • Zeigen Sie Interesse an dem Verhandlungspartner.	
Können Sie bereits Überschneidungen der Interessen feststellen?	• Formulieren Sie diese Überschneidungen und fragen Sie nach, ob Ihr Verhandlungspartner das auch so sieht.	
Welche Optionen gibt es, um die Interessen zu befriedigen?	• Sammeln Sie gemeinsam unter dem grünen Hut, ohne zu bewerten – es geht hier nur um *Möglichkeiten*, noch nicht um Lösungen.	
Nachdem Sie die Optionen gehört und verstanden haben, gibt es etwas, was für Sie bzw. für Ihren Verhandlungspartner jetzt von zusätzlichem Interesse ist, womit Ihre Interessen breiter werden?	• Lässt sich der Kuchen vergrößern? Ist jetzt mehr da als vorher?	

(Fortsetzung)

Frage	Achten auf	Ihr Verhandlungsfall
Suchen Sie aus den Optionen die besten Lösungen	• Stimmen die Lösungen mit Ihren Interessen überein? • Wird das Verhandlungsergebnis besser als Ihre *Beste Alternative*?	
Bereiten Sie den Verhandlungsabschluss vor	• Wo stehen wir, was haben wir, worüber müssen wir uns noch einigen?	

3. Verhandlungsabschluss

Frage	Achten auf	Ihr Verhandlungsfall
Welche Punkte umfasst unser Ergebnis?	• Gemeinsames Verständnis	
Welche nächsten Schritte sind zu tun? Was sind gegenseitige Verpflichtungen?	• Gemeinsames Verständnis	
Im Falle der Nichteinigung: Was trennt uns, wo liegen die unüberbrückbaren Punkte? Was fehlt noch? Kann man da noch was machen?	• Ein Verhandlungsmisserfolg war einer auf der Sachebene. • Ein nächstes Mal müssen wir es trotzdem miteinander versuchen können.	

(Fortsetzung)

Frage	Achten auf	Ihr Verhandlungsfall
Nach Abschluss der Vereinbarung: Wie ist es gelaufen?	• Fragen Sie danach mit offenen Fragen. • Zeigen Sie Interesse an dem Verhandlungspartner.	*gelber Hut*: Was war positiv, was lief gut? *schwarzer Hut*: Welchen Schwierigkeiten sind Sie begegnet? *grüner Hut*: Was würden Sie nächstes Mal anders machen?

Literaturverzeichnis

Brislin, Richard W./ Yoshida, Tomoko	Intercultural Communication Training: An Introduction. Thousand Oaks, Cal. 1994.
Drucker, Peter	Schlüsseljahre. Stationen meines Lebens. Frankfurt/M. 2001.
Ghazal, Michel	La Stratégie des Gains Mutuels. Arbeitsheft des Centre Européen de la Négociation. Paris 1998.
Haft, Fritjof	Verhandlung und Mediation: Die Alternative zum Rechtsstreit. München 2000.
Harris, Philip R./ Moran, Robert T.	Managing Cultural Differences. Leadership Strategies for a new world of business. Houston 1996.
Fischer, Roger/ Ury, William/ Patton, Bruce	Das Harvard-Konzept. Sachgerecht verhandeln – erfolgreich verhandeln. Frankfurt/M. 1998.
Knapp Peter	Gehaltsverhandlungen sicher führen, in: Themenbrief Mitarbeiterführung, Ausgabe 3, 2000.
Knapp, Peter/ Novak, Andreas	Die Bedeutung der Kultur in der Mediation. In: Zeitschrift für Konfliktmanagement 1/2002.
Malik, Fredmund	Führen Leisten Leben: Wirksames Management für eine neue Zeit. Stuttgart, München 2001.
Novak, Andreas	Schöpferisch mit System. Kreativitätstechniken nach Edward de Bono. Heidelberg 2001 (Reihe Führungspsychologie Bd. 39).
Raiffa, Howard	The Art and Science of Negotiation. Cambridge (USA) and London 1982.
Schulz von Thun, Friedemann	Miteinander reden 2. Stile, Werte und Persönlichkeitsentwicklung. Reinbek 1989.
Sebenius, James K.	The Hidden Challenge of Cross-Border Negotiations. Harvard Business Review, March 2002.
Ury, William	Getting Past No. Negotiating your way from confrontation to cooperation. New York usw. 1993 (deutsch: Schwierige Verhandlungen. Münschen, Frankfurt/M. 1992).
Watzlawick, Paul	Anleitung zum Unglücklichsein. München 1997 (1983).

Zu den Autoren:

Peter Knapp M.A.

Training, Coaching, Ausbildung mit den Schwerpunkten:

- Verhandlungstraining, Verhandlungscoaching, Schwierige Verhandlungen
- Führungskräftecoaching
- Konfliktmanagement und Mediation
- Change Management
- Leadership

KOM
Konfliktmanagement Organisationsentwicklung
Mediation
Weberplatz 24-25
D-14482 Potsdam-Babelsberg
Telefon 0331-740 95 06
e-mail: p.knapp@kom-berlin.de
www.kom-berlin.de

Dr. Andreas Novak

Seit 1992 selbstständig mit den Schwerpunkten:

- Kreativitätstechniken, Innovationsworkshops
- Mediation und Konfliktmanagement in Unternehmen
- Management-Coaching
- Verhandlungstraining
- Begleitung und Verbesserung von Meetings

Isoldestr. 4,
12159 Berlin
Telefon: 030 – 85 07 73 15
e-mail: an@andreas-novak.de
www.andreas-novak.de